neue frau
herausgegeben von
Angela Praesent und
Gisela Krahl

Annegret Held

MEIN SCHATTEN, MEIN ECHO UND ICH

Rowohlt

Originalausgabe
Veröffentlicht im Rowohlt Taschenbuch Verlag GmbH,
Reinbek bei Hamburg, November 1994
Copyright © 1994 by Rowohlt Taschenbuch Verlag GmbH,
Reinbek bei Hamburg
Alle Rechte vorbehalten
Umschlaggestaltung Nina Rothfos unter Verwendung
eines Fotos von Elke Hesser
Gesetzt aus der Bembo Monotype Lasercomp,
LibroSatz, Kriftel
Druck und Bindung Clausen & Bosse, Leck
Printed in Germany
1290-ISBN 3499 13572 8

Für meine Tochter Elisa

Inhalt

UND ICH?

Nach anderthalb Stunden hatte ich endlich den Geschirr-
berg einer ganzen Woche gewaschen und abgetrocknet,
drehte mich erleichtert um und fegte dann mit meinem
Hintern das gesamte Kaffeegeschirr vom Tisch. Ich
kreischte fürchterlich um meine Tassen. Dann fragte ich
mich, wie es möglich war, mit einem einzigen Hintern ein
komplettes Service herunterzureißen, so daß alles, aber
auch alles im Eimer war, und warum ich eigentlich vorher
abgewaschen hatte.

Nebenbei erfüllten sich so in wundersamer Art die pro-
phezeienden Worte meiner Mutter:

– Was du vorne machst, schmeißt du hinten um.

Dann kochte ich mir einen Kaffee, den ich aus der Kan-
ne trank. Ich überlegte, ob sich noch mehr Worte für mein
Leben erfüllt hatten. – Hinkel, zum Beispiel. Bin ich ein
Hinkel geworden? Oder Säuranzen. Oder Tranfunzel.
Oder Kalb. Beunruhigt stand ich auf und ging zum Spie-
gel.

Es war nicht so tragisch. Ich hatte mich da schon öfter
gesehen.

– Wenn du so rumläufst, kriegst du nie einen Kerl.

Stimmt. Doch lag das an – so rumlaufen? Deshalb also.
Dann ging ich unter den Küchentisch und kniete in mei-

nen Scherben. Wie unwürdig, dachte ich. Ich weiß, daß es Leute gibt, die aus dem Fenster fallen und sich den Hals brechen und noch ein einziges Mal gerettet werden. Und die dann mit offenen Augen und im Gipsverband darniederliegen und die Sinnkrise haben. Ich hatte sie hier unterm Küchentisch.

– Wenn du so weitermachst, dann rennst du dein ganzes Leben lang Land und Leute um.

Wieviel Land, wie viele Leute habe ich inzwischen umgenietet? Ich habe zumindest meinen Küchentisch umgerannt. Vorgestern nacht wollte ich aufs Klo und traf die Tür nicht und bin gegen die Wand gelaufen. Einmal bin ich auf eine Feier gehastet und da war ein Loch in der Straße und ich sah das Loch nicht und ich bin hineingefallen und saß zwei Stunden im Loch.

Vielleicht liegt es daran, daß ich immer so ins Leben stürze! Vielleicht liegt es daran, daß ich, wie sagten sie, ein Tollpatsch bin?

Irgendwie machte mich der Gedanke, ich sei ein Tollpatsch oder eine Tranfunzel geworden, unsäglich traurig. Lieber doch ein Säuranzen.

Ich fragte mich ernstlich, was denn nun mein Klang und meine Farbe sei. Welche Worte meine eigenen waren, was denn hinter mir im Schatten lag, und was sie von mir sagten. Ob ich ein Kaleidoskop in mir tragen könnte oder ob es gar ein Haufen Scherben war, die ich immer aufs neue zusammensetzte. Oder ob ein schöner, blühender Apfelbaum, oh welch ein Gedanke, in mir wuchs?

Da bin ich nicht in den Biergarten gegangen. Ich bin zu Hause geblieben und habe gewartet, denn es würde ja was kommen. Ich saß und wartete auf das, was sich einfinden würde.

GEMEIN

Soll ich etwas erzählen von mir und den Männern? Ein Mann gehört zum Leben einer Frau. Ich aber habe es geschafft, Männer soweit wie möglich aus meinem Leben herauszuhalten. Noch nie habe ich mit einem gelebt oder mit einem gemeinsam unter einem Christbaum gesessen. Na gut. Ich erzähle jetzt die Geschichte vom gemeinen Christoph Wengenroth:

Er hatte rote Haare und Sommersprossen und wohnte neben uns hinterm gelben Lattenzaun. Sein kariertes Hemd hing immer aus der Hose, er trug Manchesterhosen und Gummistiefel und Hosenträger. Er grinste den ganzen Tag. Das war noch im alten Haus. Ich war drei und er war vier. Das stimmt, doch das stimmt. Nein, das ist nicht gelogen, weil wir im alten Haus wohnten und ich vier war beim Umzug.

Christoph Wengenroth war gemein und frech. Meine Oma sagte, er sei ein böser Bube. Er hatte schließlich rote Haare und Sommersprossen und Hosenträger und sein Hemd kam ihm immer aus der Hose, und er hatte Gummistiefel an.

Ich hatte ein Schürzchen um und ein Kopftuch auf, und er war vier und ich war drei. Natürlich spielte er niemals mit mir, er sah über mich hinweg, denn ich war ein Mädchen und *drei*. Er spielte natürlich nur mit Fredi und Bert.

Ich saß also mit der Schippe im Hof und schippte Split und kratzte in den Moosritzen der Pflastersteine. Ich schippte und schippte, als auf einmal Christoph Wengenroth am Lattenzaun erschien und rief:

– Annegret, komm her! Ich will mit dir spielen!

Ich ließ sofort Schippe und Eimer und Split fallen und rannte los. Der *Christoph Wengenroth* wollte mit mir spielen!

Als ich angekommen war, sagte er:

– Kannst wieder gehen. Ich will doch nicht mit dir spielen.

Zutiefst geknickt schlich ich davon. Ich kauerte mich an den Splithaufen und bohrte in den Steinritzen, als wieder die Stimme von Christoph Wengenroth erklang:

– Komm her, Annegret! Ich will doch mit dir spielen!

Ich vergaß buchstäblich alles. Ich war überwältigt vor Glück, Schippe, Split, alles egal, ich rannte, ich kriegte die Kurve nicht, so bin ich gerannt.

Christoph grinste und sagte:

– Ach weißt du, geh wieder. Ich will doch nicht mit dir spielen.

Ich trollte mich tieftraurig davon, aber ich glaubte auch, daß es richtig war, was Christoph machte, er handelte ja lediglich aus seiner Überlegenheit heraus. Ich war sicher, mir geschähe es recht und alles läge an mir. Bei meiner Schippe angekommen:

– Komm her Annegret! Ich will mit dir spielen!

Ich strahlte vor Glück, ließ alles fallen, raste zum Lattenzaun und keuchte ergeben.

– Du kannst wieder gehen. Ich will nicht mit dir spielen.
Ich ging wieder.

– Annegret, komm! Ich will mit dir spielen!
Vergaß alles.

– Kannst wieder gehen, grinste Christoph Wengenroth.
Ich ging.

– Komm!
Ich vergaß.

– Kannst wieder gehen.
Komm.

Geh.

Komm.

Geh.

So bin ich auch in der Liebe. Genauso. Ich wünschte, ich
könnte sagen: Dann habe ich Christoph Wengenroth in
die Brennesseln geschmissen. Aber er hat mich in die
Brennesseln geschmissen.

Später habe ich versucht, mich zu rehabilitieren, und
auch einige Männer in die Brennesseln geschmissen. Aber
es hat mir nicht viel gegeben. Die Männer, die ich liebte,
waren groß und schön und intelligent. Aber im Herzen
war jeder ein Christoph Wengenroth.

So, jetzt geht es mir besser, ich mußte doch endlich
einmal allen Leuten erzählen, wie gemein der Christoph
Wengenroth zu mir war.

MEINER

Er hält mich stirnrunzelnd von sich und fragt sich: ist sie das? Und er ist sich nicht einig.

Ich sehe ihn an und denke: *Meiner*. Das will er nicht. Ich denke mir, den da nehme ich. Er ist sich nicht sicher, ob wir zwei denn zusammen sind oder nicht, aber bis dahin haben wir siebenhunderteinundneunzigmal das Bett geteilt, haben Kaffee getrunken aus seiner Blümchentasse oder aus der gelben, je nachdem, steht meine Zahnbürste tapfer in seinem Becher, ist seine Rasierschaumseife um ihr eigenes geschmolzen.

Wir sind zusammen, aber man darf es nicht sagen.

Er ist ein Intellektueller. Völlig verhaftet in seinen Gedanken, besessen von dem, was er schreibt und arbeitet. Ganze Tage, ganze Nächte, beschreibt er Papier, und die Lampe leuchtet auch morgens um vier noch. Er hat keine Ruhe. Seine Haut wird blaß, die Augenbrauen sind ständig hochgezogen, unter den Wangenknochen wird es hohl, er springt auf mit dem Wechsel seiner Gedanken und sinkt, sie aufschreibend langsam nieder, vergißt zu essen, und trägt am Mittwoch noch dieselben Kleider wie am Montag, weil er nicht weiß, daß es dazwischen dunkel war und wieder hell.

Für mich ist er ein Schmuckstück, ein feinziseliertes Kleinod, nein ein Großod, ein langes, mit schöner Silhouette versehenes Od.

Ich habe gewartet viele Jahre, getrauert um den einen, den anderen nicht gefunden, das war schwer und schwierig, aber es ist nichts gegen das, was einen erwartet, wenn da auf einmal einer ist. Nun vergeht viel Zeit, die ich mit Zweifeln verbringe, ob er mich denn wirklich liebt. So muß ich ihm in vielen Nächten um drei Uhr und um sechs versichern und nochmals mitteilen, daß ich ihn wirklich noch liebhabe, aber wirklich, und müßten wir uns nicht immer und immer wieder versichern, ob denn noch, und wie sehr, wie genau wir uns lieben, so könnten wir uns in dieser Zeit womöglich wirklich richtig lieben. Wir sind einigermaßen gerührt, wenn ich seine Seele spüre und er die meine, da merken wir erst, was für ein löcheriges Etwas uns da geblieben ist, so sehr hat man sich zerzaust, jeder in seinem Leben.

Sein Mißtrauen ist größer als das meine. Darum versuche ich, ihn in mir lesen zu lassen, mich bereitwillig zu öffnen, allseits einsehbar zu machen, mich einfältig aufzublättern ohne Geheimnisse, doch ist er, durch sein Mißtrauen geübt, ein ohnehin scharfsinniger Leser und manchmal bin ich beleidigt, wenn er allzuschnell glaubt, alles gelesen zu haben und sich gelangweilt abwendet, als sei da nichts mehr von Belang. Dann rette ich mich schnell vor ihm in meine Behausung, ziehe meine dicke Strickjacke an und warte, bis ich selbst wieder gefüllt bin mit meinen eigenen Gedanken und rufe ihn nicht an, schreibe meine schwerfällig wachsenden Geschichten, schwerfällig wie ein Strickmuster aus Gichtfingern gedeiht.

Wenn ich zu ihm gehe, weiß ich ziemlich genau um die Beschaffenheit meines Körpers. Ich glätte ihn, versehe ihn olfaktorisch angenehm und kümmere mich um das Haupthaar.

Abgeschafft an mir hat er jegliche tönende Tagescreme, sämtliche mit Nadeln aufgesteckten Frisurgebilde und künstliche Ohrringe. Wenn er mir die Tür öffnet, hat er meistens vergessen, sich zu rasieren.

Was er an mir mag, ist, glaube ich, ähnlich dem, was er an seinem Gemüse mag. Wenn er auch nicht ißt, so ist doch seine Küche immer voll mit Körben voller Kirschen, Kürbissen, Rettichen, wilden Disteln, Oliven. Was er mag, ist alles aus der Erde wild gewachsen. Der halbe Tisch, der Küchenboden ist über und über bedeckt mit frischen und verrottenden Früchten, er mag auch das, was verrottet und sieht ihm beim Verdorren zu. Ein Wirsing auf einer Zeitung begann, als ich ihn kennenlernte, eben seine Blätter zu strecken. Nun ist er, sternförmig ausgebreitet, ganz braun und strohtrocken in eine eigene Form zerfallen, und wie ein Seestern mißt er mitten in der Küche seinen Raum aus und wird noch lange dort bleiben, gefärbt wie eine Zeitung aus längst vergangenen Zeiten.

Er schaut mich zärtlich an, streicht mir übers Haar und nennt mich – Landei. Bin ich nun endlich dabei, mein Dorf hinter mir zu lassen, einzutauchen in diese städtische Welt der Künstler und Intellektuellen, so macht er mir einen kräftigen Strich durch die Rechnung. Für ihn bin ich so was wie frische Luft, üppiges Feld, satte Garbenpracht, freilaufende Hühner. Erst wenn er ganz und gar abgemagert ist, zurückkommt von einer anstrengenden Reportage auf der anderen Seite der Erdkugel, dann gräbt er sich in mich hinein wie ein Maulwurf in die Erde, buddelt mich in die Matratze, wühlt sich in meine Haare, trinkt mich wie Freibier an einem heißen Sommertag.

Es ist schwer, mit einem Menschen zusammenzusein, der nicht schläft und der vergißt, daß andere Menschen schlafen. Er reißt mich aus den Federn mitten in der Nacht, redet mit seinem gespeedeten Hirn ein halbes Buch in mein schlaftrunkenes Ohr, ich murmele ja, mhjm, ja und gehe bleischwer im Gesicht auf die Ellenbogen, um irgendwas zu verstehen.

Wenn er selbst schläft, ist er wachsam, lauscht auf einen Tritt im Treppenhaus, ist sofort zur Stelle bei einer Umdrehung im Bett, steht senkrecht auf, wenn ich aufs Klo gehe.

– Ich gehe doch nur aufs Klo!

Nun gut, das Klo kann er eben noch hinnehmen, er starrt aber noch eine Weile ängstlich ins Dunkle. Weiß Gott, es könnte ja was geschehen.

Ich mag ihn morgens. Morgens ist er unschuldig, als hätte er alle Kämpfe nachts zu Ende gekämpft, als käme er mit einem neuen Vertrauen wieder. Er plappert dann wie ein Kind. Das hält sich noch über das Frühstück hinaus, verliert sich dann aber während der Arbeit.

Mit mir schimpft er, wenn ich etwas ungenügend Durchdachtes daherschwatze, als sei ich ganz dumm und doof. Dabei verlasse ich mich gern auf die ruhigen Ströme, in denen ich daherschwimme, die aus dem Inneren kommen, denke, es wird schon werden, freue mich über einen Biergarten und darüber, daß der Sommer länger anhält. Mein Gott, er ist anstrengend, er packt mich strafend wie ein Schafscherer das zappelnde Schaf, betrachtet mich, stellt mich wieder hin, analysiert, zerpflückt, wägt ab. Aber analysiere mal einer ein Schaf.

Wenn ich drei Tage mit ihm zusammen war, bin ich verrückt. Die präzise Ausarbeitung jedes Schrittes, die Abstrahierung des Trittes, das Abwägen des Gedankens, die Konkretisierung der Empfindung, die Verwerfung des einmal getanen Schrittes und der Irrtum des Trittes, warum können wir nicht mal 'ne Runde dummes Zeug reden?

Jedes Wort kann ihn tief verletzen, hüte deine Zunge, wähle deine Worte, achte, daß alles, was du sagst, von Liebe getragen ist. Es ist der Balsam, der seine sandgestrahlte Seele heilt. Darum verlasse ich mich auf meine tierhafte Wärme. Trotzdem wird er oft erst ruhig, wenn er mich ganz verstört und mir heftigen Schmerz zufügt. Er ist ein Quäl-Geist.

– Na ja, ich wollte dich ja unbedingt haben, sage ich mühselig grinsend.

– Du hast mich nicht, sagt er ohne Grinsen, denn wenn du mich hättest, dann wäre ich deiner, auch wenn du gehst.

Wenn ich weinend davonrenne, besinnt er sich, stehen riesige Sonnenblumen vor meiner Tür, bringt er mir Wein und Käse und sucht mich. Ich weiß nicht, ob es mit uns ginge, würde er nicht auch wirklich schlafen. Im Schlaf kommt er zu mir, robbt mit dem Körper an den meinen, verkeilt er sich mit mir und unsere Knochen bilden höchst spitze Winkel. Dann wird er weich, und die Haut ist zart und empfindsam, er lungert wohlig um mich herum, alte Seufzer entringen sich, und er wacht auf am Morgen mit einem Lächeln.

Ich kann nicht mit ihm zusammensein ohne ein quälerisches Gefühl, die Qual scheint irgendwie mit ihm zu tun zu haben, und ich frage mich oft, ob es nicht gesünder wäre, ich würde ihn einfach gehen lassen, einfach nicht mehr kommen. Ich könnte morgens aufstehen, ohne vor Schlafmangel in die Knie zu gehen, hungrig davonzustürzen mit den Worten im Kopf von der vergangenen Nacht, ohne mich zu fragen, ob ich etwas Falsches gesagt, gefragt habe, ob er mich anruft, heute, heute abend, am Mittag schon? Ist das, was wir haben, von Bestand, ist das wirkliches Leben zwischen uns, oder tun wir nur so, oder sind wir ganz tönern und wären gerne ein Liebespaar?

– Unsere Beziehung ist nur möglich, weil du ganz anders bist als ich! Sie besteht, weil zwischen uns ein Fluß ist und dein Häuschen steht auf dieser Seite und meines auf jener. So sagt er.

– Zwischen uns ist ein Fluß! jammere ich lauthals. Ein Fluß! Ein Graben! Eine unüberwindliche Schlucht!

Darüber komme ich nicht hinweg. Trage es gramschwer tagelang mit mir umher. Höre seinen Erklärungen nicht mehr zu. Will nichts mehr wissen.

Widersprüche unentwegt. Wenn wir uns umkreisen, er mich auf den Boden wirft und sein Mund ganz zart meinen Hals streckt, er rüde mein Becken unter den Küchentisch schiebt und wir uns durch Kürbisse und Sauerkirschen und vertrocknete Gräser wälzen, schläft er ein auf mir auf dem Küchenboden, sein Kopf sinkt schwer auf mich herab, da sind wir dann doch eben verschmolzen und versunken, und keiner ändert das. Und ich liege mit offenen Augen zwischen den Krautköpfen und hüte seinen Schlaf.

Ich meine, wäre es nicht gesünder, wenn ich es einfach sein ließe mit ihm und weniger Wunden in den Pelz bekäme, aber stoischer und geradeaus mein Leben leben könnte, eindeutig, und nicht zerfetzt und hin und her gerissen? Aber das kann ich nicht. Ich würde selbst den Kummer vermissen, den er mir macht, ich würde die Sorge vermissen darüber, was er nun gerade denkt, und alles.

Wir sind ein schönes Paar im Spiegel.

– Schreib einen Roman und nenne ihn Meiner. Gehe zur Arbeit und schmücke alle Galerien und alle Fenster mit großen Schildern: Meiner. Drehe einen Film und nenne ihn *Meiner*!

– Nein, sage ich. Der Film heißt: Der fruchtlose Versuch auf dem langen Weg ins Grab.

Er lacht ganz zärtlich. – Du zäumst das Pferd von hinten auf. Du hältst die Pistole verkehrt rum beim Schießen!

– Weißt du, sage ich: früher war alles viel einfacher. Da kam einer und fragte: willst du mit mir gehen? Und ich sagte *ja* oder ich sagte *nein*. Dann ging man zusammen. Oder nicht.

– Ich bin niemandes Meiner, sagt er. Verletzt und einsam, weil er gar nicht sieht, wie ich in Wirklichkeit großzügig und verstehend bin, gar nicht herrschsüchtig, sondern milde und gar nicht klammernd.

Ich streiche durch Frankfurts Straßen, vertrödele die Nacht, hocke mich an den Main, streune durch Sachsenhausen, überquere einmal alle Brücken, suche die Berger Straße, den Ostbahnhof, die Feuerwache, trinke einen mal hier mal da und lande erst wieder zu Hause, als es hell wird.

Da klingelt das Telefon.

– Wo warst du die ganze Nacht? Wo? Wo? Ich rufe dich an die ganze Nacht, denn ich wollte dich was fragen! sagt er. Ich wollte dich die ganze Nacht fragen: *Willst du mit mir gehen?*

Na ja, ich habe dann ja gesagt. Also er ist nicht meiner, aber wir gehen jetzt zusammen.

Aber davon ist nicht alles besser geworden. Liebe spürt man ja doch, nicht wahr? Ich weiß einfach, wenn mich jemand liebt. Ich spüre es an seinem Geruch, ich spüre, wie sein Herz springt, wenn er mich sieht, sehe, wie sich sacht die Wimper hebt. Ich weiß einfach, daß ihm das so nicht möglich ist. Nicht, daß der nicht auch gesprungen wäre, als ich noch nicht seine war. Aber so wie er da sitzt, geht, sich bewegt, kann er *so* sehr lieben nun nicht.

So gesehen, bleibt meine Liebe weiterhin in den Startlöchern und wartet auf den Schuß, und der kommt nicht.

– Sag mal, merkst du eigentlich, wenn ich dich im Arm habe? fragt er mich. Oder merkst du das nicht? Ich glaube manchmal, du merkst es überhaupt nicht.

LIEBESGLÜCK

Was ich da habe, fasse ich nicht.

Er ist so blaß, und sein Oberkörper ist breit und groß, seine Arme dagegen dünn, wie die Arme von Männern sind, die mehr mit dem Kopf arbeiten als mit den Händen. Als er mich da auf sich herunterzieht und ich in seinen scheuen Augen schön aufmerksam mich wiederfinde und auf und in diesem Oberkörper versinke, da fasse ich nicht das Glück, das ich habe.

Ich empfinde überwältigende, überschäumende Liebe, und ich habe das vorher nicht gewußt, und ich war nicht vorbereitet. Ich bin schockiert von diesem Überfall an himmlischer Ekstase, er macht mich so betrunken, daß ich mich abführen lassen würde, egal wohin. Ich werde rührselig und betulich. Meine Seele ist ein Vogelschwarm, mit dem ich ihm begegne, und wenn er geht, schicke ich ihm noch hundert Tauben hinterher, damit sie ihm sagen, was zu sagen nicht mehr ging.

Wenn es jetzt jemandem aufgefallen ist, also, er geht. Ich blute heftig. Der Drang, der ihn gehen läßt, ist so stark, da kann ich nicht gegen an, das ist größer und mächtiger als ich. Das sind nicht Frau und Kind, die da rufen, es ist allein seine Not, und da kann ich doch nicht, da kann ich nicht, da kann ich natürlich nichts machen. Eifersucht gegen Frauen ist nicht angebracht. Er geht jedenfalls. Das überlebe ich aber nicht. Er merkt es.

Er versucht, länger zu bleiben. Zu gehen, wenn ich nichts davon höre. Als ob ich auch nur einen Atemhauch von ihm versäumen könnte! Er preßt die Zeit aus seinem Leben, um mir noch fünf Minuten zu geben, dann zwei, dann noch eine in der Nacht von elf nach vier bis dreizehn nach vier. Ich aber heule, denn was er nicht aus seinem Leben quetschen kann, ist, daß er bleibt.

Um dem Weggehen ein Ende zu bereiten, haben wir beschlossen, daß er nicht mehr kommt.

Und er blieb weg. Ich aber war mit ihm so sehr verschmolzen gewesen, daß ich nun wie ein nie mehr an einen anderen passendes Bruchstück herumlief. Was wird, was wird, er wird, wenn er jemals wiederkommt, nur wieder gehen. Und ich weiß das auch.

Deshalb versuchte ich, damit fertig zu werden und vernünftig zu sein, und ich war so unglücklich, daß ich daran würgte und würgte, und ich kam nicht über die Runden, und so verbrachte ich wahrhaftig Jahre. Ich habe ihn nicht wirklich vergessen. Ich tue nur einfach andere Dinge, und über all diesen anderen Dingen ist er dann auch wirklich, ich will mal sagen, er ist noch da, aber er ist auch nicht mehr da. Das sind nun ungefähr sieben Jahre.

Ich gehen Morgen für Morgen an diesem Tabakladen vorbei, in dem ein kleiner, roter Porsche steht. Da muß ich dann immer daran denken, wie er vor sieben Jahren sagte, er hätte sich immer so einen kleinen roten Porsche gewünscht. Aber er hatte kein Geld und war sehr sparsam. Ich wollte ihm den roten Porsche kaufen, aber das hätte ja nicht gut ausgesehen. Und immer wenn ich das kleine Auto sehe, denke ich darüber nach, ob nicht jetzt, ich meine, nach all dieser Zeit . . . ich wünschte, der Porsche würde aus der Auslage verschwinden. Ich bin bereit, jeden erdenklichen Preis dafür zu zahlen. Soll ich ihm denn nicht einfach durch den Freund eines Freundes diesen kleinen roten Wagen zukommen lassen, damit er weiß, daß ich seinen Wunsch niemals vergessen habe? Alte Wunden aufreißen, noch ein einziges Mal? Also ich kann jetzt nicht mehr, ich kapituliere, ich beschließe, ihm das Auto zu kaufen und zu schenken, damit ich es los bin, damit es fort ist, damit ich es nicht mehr sehe.

Es kamen andere Gedanken. Es kam Arbeit, und ich mußte viele Dinge tun. Ich tat dann das eine und dann das andere. Ich weiß nicht, was ich wirklich getan habe. Ich rief den Freund nicht an. Weil da andere Gedanken waren.

Und als es wieder Morgen war, nahm ich einfach einen anderen Weg. Dann ging ich nicht mehr an dem Tabakladen vorbei.

VERWIRRUNG

Ich kann mich furchtbar verwirren. Ich kann mich vor allem in der Öffentlichkeit so verwirren, daß jeder, aber auch jeder es merkt. Wenn mich auf einmal irgendwas berührt, bin ich verwirrt. Wenn ich etwas Schönes sehe, oder was Merkwürdiges, oder etwas Besonderes, oder etwas, das gar nicht besonders ist. Wenn ich in träger Harmlosigkeit dahergehe und auf einmal fällt mir ein Haselzweig auf den Kopf, gerät alles durcheinander. Mein Benehmen und auch meine Worte. Wenn ich also, sagen wir mal, an einem durchschnittlichen Sonntag lange schlafe und aufwache und es mir sagenhaft anstrengend vorkommt, aufzustehen, und dann fällt mir ein, daß Schloß Geburtstag hat und daß ich aufspringen muß, um ihr wenigstens noch die tollsten Blumen aus dem ganzen Laden zu kaufen, wenn auch Blumen nur ein nichtswürdiges Geschenk sind – aber das einzige, das ich jetzt noch bekommen kann, und der Laden schließt in einer dreiviertel Stunde. So trete ich mich aus dem Bett, und meine Laune ist unsäglich. Das einzige in Frage kommende Kleidungsstück ist meine Jogginghose mit dem rosa Streifen, die mich in guten wie in schlechten Zeiten begleitet hat. Dem Blumenladen kann es doch egal sein. Auch meine Frisur kann dem Blumenladen egal sein. Aus anhaltendem Protest gegen das Schicksal und den Sonntag und die Vernunft ziehe ich auch noch mein orangefarbenes Sweatshirt mit den schwarzen Punkten an. Es lag gerade da. Der Blumenladen ist nichts Besonderes. Er ist vor allem für die Kirchhofbesucher da. Auch Orchideen gibt es und Gestecke und Kränze. Verschlafen betrachte ich die Gebinde.

Ich kann Schloß doch keinen Kranz kaufen. Oder einen Tonschwan für einen Bubikopf. Ich tapse hin und tapse her und lasse mir am Ende einen hellen Strauß zusammenstellen, der mir persönlich viel zu frisch ist, weil er so blendet.

Da passiert es. Da kommt der Moment der totalen Verwirrung. Und zwar noch bevor ich die fünf Mark Wechselgeld in die Tasche stopfe und merke, daß Jogginghosen keine Gesäßtaschen haben. Ab diesem Augenblick bin ich zu keiner vernünftigen Handlung mehr fähig.

Da kommt nämlich ein Mann rein. Dieser Mann. Seine Haltung: lässig, groß, einfach phänomenal. Seine Aura: gesprenkelt mit Witz und Charme, strahlend, blühend, warm, vital. Haare: in Ordnung. Augen: blau. Augenbrauen: dunkel, klarer Bogen, mit leichten Fältchen darüber. Männermantel. Es kommt mir vor, als hätte ich seit zwanzig Jahren keinen Mann mehr gesehen. Nun, ich glaube nicht, daß man seinen Mann einfach so im Blumenladen oder beim Aldi kennenlernt. Ich war schon hunderttausendmal einkaufen, aber es war kein Würstchen, kein Fleurop, kein Suppenwürfel, der mich der Liebe nähergebracht hätte. Aber was wirklich passiert in diesem Moment, als die männliche Verkörperung weiblicher Begierden plötzlich den Blumenladen betritt, ist, daß mein Kopf sich völlig entleert, bis auf den einzigen Gedanken:

Diese Scheiß-Jogging-Hose!!!
Er sieht mich an. Sein Blick stößt mich in die Orchideen. In wilder Grazie packe ich einen Kaktus. Betrachte den Kaktus, als sei er etwas Seltenes. Auf einmal habe ich einen Haufen Gemüse um den Kopf. Schlingpflanzen und

Ranken. Ich tue so, als sei mir gerade noch etwas einge-
fallen, eine kranke Tante mit Gallenoperation. Aber ich
bin wirklich vollkommen verwirrt. Ich bin sicher, daß er
mich betrachtet, fasziniert davon, wie eine so rumlaufen
kann. Dabei habe ich bezahlt. Der Strauß für Schloß ist
lange schon eingewickelt. Aber um an diesem Mann vor-
beizukommen und aus der Tür zu gehen, müßte ich den
doppelten Rittberger springen. Ich kann mich auch nicht
lösen aus dem Gestrüpp. Ich befinde mich in einer Art
Trance. Wie unangebracht! Der Mann läßt sich ein kost-
bares Gebinde zusammenstellen. Na klar, für ein Edel-
weib. Er ist überhaupt nicht mein Typ, das merke ich an
diesem Gebinde. Ich möchte einen Arm voll Sonnenblumen, oder zwei Arme voll Lavendel. Nix da, ich muß jetzt
gehen und schiebe mich mit Gewalt zum Ausgang.

Aber soviel Gewalt über mich habe ich gar nicht, daß
ich halbwegs wüßte, was ich tue. Ich tue nämlich irgendwas, von dem ich nichts weiß. Ich sehe mir fassungslos zu,
wie ich mich in meinen ausgeleierten Lumpenklamotten
hübsch zurück ins Hohlkreuz schmeiße, mein Haar tollkühn über die Schulter werfe, die Augenlider westwärts
langsam senke, noch einen Schritt zurückgehe, den Strauß
fester packe und für jeden vernehmlich, ganz laut, ganz
bezaubernd sage:

– Auf *Wiederschön*!
Wiederschön. Ich habe tatsächlich: Auf Wiederschön
gesagt. Im gleichen Moment sackt mein Blut aus dem
Kopf in die Füße, mir schwindelt und ich krache rückwärts aus der Tür.

Danach bin ich eine halbe Stunde über den Friedhof ge-
taumelt und habe meine fünf Sinne zwischen den Gräbern
wieder zusammengesucht. Und soll ich mal was sagen?
Wiederschön ist nur ein Perlchen in einer reichhaltigen
Sammlung von unsäglichen Aussprüchen, die mir in derlei Situationen so schlicht und einfach entfleuchen. Ich
kann daran gar nichts machen. Es passiert einfach. Ich habe
eine Begabung für öffentlich wirksame Verwirrnis. Ich
weiß nur, was ich tue, wenn mir das Wort bereits entwi-
chen ist: Ich weiche.

SEHNEN

Wie ich dieses Brot liebe! Mit so schöner Kruste, und es
riecht, und es ist fast noch warm. Ich liebe Brot. Ich liebe
dieses Buch, das dort liegt auf dem Schreibtisch, halb gelesen, der Umschlag ein wenig verrutscht, ich werde es
mir zum Brot nehmen und wieder meine Nase hinein-
stecken. Ich liebe es, dann später, am Main spazierenzu-
gehen und mir den Wind um den Kopf herumhauen zu
lassen. Dann liebe ich es, mit meiner guten, ja, weil sie gut
ist, mit meiner guten Freundin Regina Worte zu wechseln
und uns zu verständigen, wie weit wir gekommen sind
und wo wir hinwollen.

Ich liebe die Gesamtausgabe vom Duden. Ich liebe diese
Puppe dort, mit den Gummigelenken und den Haaren, die
schon vom Kopf fallen, vom Flohmarkt am Schaumain-
kai. Ich liebe das Bild, das da hängt. Und den Kalender
daneben auch ein bißchen. Ich liebe auch den Vorhang,

den ich mir um mein Bett herumgenäht habe, und meine Melitta-Filtertüten und den ausgebrochenen Kerzenständer.

Ich könnte das Brot aus dem Fenster schmeißen. Ich würde die Gesamtausgabe des Duden im Main versenken. Und den Vorhang rund um mein Bett anzünden und das Zimmer singend verlassen.

Wenn ich nur wüßte, ob ich heute abend in den Armen meines Liebsten liege. Auswendig könnte ich die Form seiner Nasenflügel malen. Könnte die Sommersprossen auf seinem Rücken blind auf ein Papier zeichnen und es wäre nicht eine einzige, die an falscher Stelle zu finden wäre. Ich würde die ganze Nacht an seinem Bett wachen mit einem Taschentuch in der Hand, für den Fall, daß er vielleicht einmal niesen könnte. Wenn ich nur wüßte, ob ich heute nacht an diesem Bett sein werde oder nicht.

Ich liebe diesen Mann. Ich liebe es, wie er sich allmählich zum Ungeheuer verfinstert, wenn er zu faul ist, sich zu rasieren. Ich liebe hemmungslos den Anblick seiner verbeulten, ausgeleierten Männer-Doppelripp-Unterhose. Mit den zwei Streifen vorne drauf. Es rührt mich zu Tränen, wie hilflos er aus dem Bett fällt mit all seinen Knochen, wenn er aufstehen will und noch nicht weiß, wo er ist. Ich liebe, daß ein Mann ein Mann ist.

Sie sehen wirklich merkwürdig aus. Schon ihre Ellenbogen sind anders, ihre Sehnen und Muskeln sind anders sortiert. Auch der Hintern, die Brust und der Bauch, sie sind ganz anders arrangiert. Ich glaube auch, daß der Mann inwendig anders konstruiert ist. Auch seine Seele ist anders gewebt. In diese Seele will die Frau sich immer einweben, so wie die Seele der Frau ja auch sehr leicht, sehr offen und fließend wie Seide sich zart verschmilzt und gerne anschmiegt. Aber die Seele vom Mann ist ein Kettenhemd.

Außerdem ist der Mann mit anderen Duftstoffen angefüllt. Er riecht für gewöhnlich nicht nach Narcisse Cloé. Er riecht ziemlich echt. Nach Haut und Haaren, nach Fleisch und Blut . . . ich werde wahnsinnig, wenn ich heute abend meinen Liebsten nicht sehe. Ein Mann sagt immer nicht gern Bescheid. Er sagt nicht gern: ich komme, oder: ich komme nicht. Denn er würde am liebsten beides. Die Frau würde gern kommen. Die Frau würde auch gern empfangen. Und sie spürt, wenn der Mann nicht bleiben kann, und sie spürt, daß es klug ist, nichts zu sagen, und so schweigt sie, während der Mann seiner Wege zieht.

Um sich den ganzen Tag danach zu sehnen, daß er wiederkommt. Liebend wiederkommt. Denn wenn er ohne Liebe kommt, dann spürt sie das auch. Derweil hat der Mann gottweißwelchen Furz im Kopf. Die Männer lieben gemeinhin alle Frauen. Die Frauen lieben einen einzigen Mann. Der Mann versucht, für alle Frauen der einzige Mann zu sein. Die Frau versucht, für den einzigen Mann alle Frauen zu sein. Der Mann erträgt die Liebe der einzigen Frau nicht so gut. Weil er aber sehr wohl weiß, daß sie das alles spüren kann, bewegt er sich eckig und beschwichtigend und sein Kuß landet neben dem Mund der Frau. Die Frau würde nie einen Kuß verfehlen. Darum fürchtet der Mann die Küsse der Frau. Darum beißt sich die Frau auf die Lippen und faßt ihn nicht einmal am Arm.

Der Frau kommt der Umstand zu Hilfe, daß der Mann seinen Körper nicht halb so beherrscht wie sie den ihren.

Sein mächtiger Wunsch nach dem weiblichen Körper führt ihn immer wieder in ihren Schoß zurück. Darum liegt die Erlösung in der Umarmung, wenn er sich ganz freiwillig, ganz lustvoll in die Umklammerung ihrer Schenkel drängt und dann ganz süß nach vollbrachtem Akt in ihr verschläft.

Das ist die einzig mögliche Versöhnung zwischen Mann und Frau. Ich habe Sehnsucht, und es fällt mir schwer zu warten, so wie ich gestern gewartet habe und vorgestern wartete. Die Frau wartet, und der Mann liest Zeitung. Ich schleppe die Sehnsucht durch die Straßen und ich schleife sie durch den Arbeitstag und abends decke ich mich mit ihr zu. Selbst wenn ich nachts erwache und seinen mir zugewandten schlafenden Leib, seine vom Kissen verschobenen Lippen erkenne, dann trage ich die Sehnsucht in mir, möchte ihn rütteln und wecken, damit er mich nicht allein läßt, damit er mich birgt und schützt vor der bösen Welt. Wenn ich ihn wecke, brabbelt er irgend etwas von der iranischen Botschaft, und ich riskiere, daß er sich umdreht und mir den Rücken zuwendet. Darum lasse ich ihn liegen und bin böse auf ihn. Mehr noch. Ich kränke mich nach ihm. Ich möchte ein Mäuslein sein, das er in seine Hemdentasche steckt und überall mit hinnimmt. Ich würde gerne unter seine Haut kriechen. Ich würde gerne in ihm sein. Als Leber oder als Milz.

Diese Sehnsucht habe ich nun mal, ich muß damit leben, daß ich nicht von morgens bis abends die männlichen Arme um mich herumhabe. Ich lebe damit, aber ich bin behindert. Gehandicapt auf Schritt und Tritt. Kaum daß ich mir dessen nicht jederzeit bewußt bin. Was soll denn da mal aus mir werden?

Wenn er nun anders wäre. Wenn er auf einmal an nichts anderes mehr denken könnte als an mich, es nicht aushielte, eine einzige Stunde ohne mich zu sein. Würde er anfangen, die Spanne meines Nabels zum Rippenbogen auswendig zu lernen, könnte er die Linien meiner Handinnenflächen in einer fremden Stadt auf einem Busbahnhof genau auf eine Serviette malen, würde er die ganze Nacht an meinem Bett sitzen mit einem Taschentuch in der Hand, für den Fall, daß ich niesen könnte ... ich würde ihn für blödsinnig halten. Ich wäre nicht imstande, ihn zu ertragen.

Um ihn nicht auf die Idee zu bringen, wie blödsinnig ich bin, sage ich leichthin: Heute abend? Nein, heute abend kann ich nicht. Und tue so, als gäbe es ganz viele Dinge, die mir ebenso wichtig sind, bedeutungsvoll und notwendig wie er. Nichts ist mir so wichtig, so bedeutungsvoll und so notwendig wie er. Um ihn nicht auf die Idee zu bringen, wie blödsinnig ich bin, springe ich morgens aus dem Bett und sage, ich muß jetzt gehen. Ich würde viel geben dafür, liegenzubleiben und endlos mit ihm Kaffee zu trinken. Ich denke lange nach, was ich anziehe, wie ich mich frisiere, welchen Ausdruck ich annehme, bevor ich zu ihm gehe, nur um zu wirken, als hätte ich mir überhaupt keine Gedanken gemacht, wie ich aussehe und sei als Naturschönheit vom Himmel gefallen. Ich leide unendliche Qualen, weil ich ihm das Geschirr nicht abwasche. Nicht für ihn koche, allerdings kann ich auch nicht besonders gut kochen. Ich esse ja immer aus der Dose. Ich breche mir fast die Finger, um ihn *nicht* anzurufen, schon gar nicht im Heiligen Tempel seiner Arbeit. Es kostet mich einen bühnenreifen Glanzauftritt, ihm weiszumachen, ich hätte um ein Haar seinen Geburtstag vergessen. Ich sage, ich gehe jetzt weg und tanze die ganze Nacht, und dabei ziehe ich den Telefonstecker aus der Dose und lege mich ins Bett und stöpsele ihn erst wieder ein, wenn ich nachts um vier mal aufs Klo muß. Ich würde gerne mein Leben damit verbringen, ihm warme Pullover zu stricken für den Winter. Ich würde ihm Leibchen stricken und Socken, ich würde ihn bestricken, bis er von oben bis unten selbst aussieht wie ein einziger Socken und aus lauter Wollfäden überhaupt nicht mehr rausgucken kann.

Und dann stelle ich mich vor ihn wie Lucy der Straßenschreck und behaupte, ich sei die Herrscherin der Meerestiefen, und verlange, daß er vor mir auf die Knie geht. Und wäre so gerne Rosalinde, die dienende Magd. Aber als Magd gewinnt man ja keinen Blumentopf. Ich gehe also her, öffne den martialischen Waffenschrank der Frau, behänge mich mit Maschinen und Kanonen und Gerät, um ihn endlich niederzustrecken auf dem riesigen Schlachtfeld nach der Erbsünde und benutze intuitiv genau die Flinten, von denen ich weiß, daß sie treffsicher sind.

Man kann einen Mann nicht einfach lieben. Man muß ihn aufs Kreuz legen.

Was ich will: Ich will seinen Funken. Ich will aus dem vermaledeiten Kettenhemd ein Ringelchen von Gold haben. Ich will das, was ihn wirklich treibt, erspüren. Sonst soll er nicht kommen. Ich will das, was ich in ihm erahne. Ich will es aus ihm herauslocken, wie man eine Schnecke aus ihrem Häuslein lockt. Ich suche andauernd den Edelstein in ihm. Wenn ich ihn rufen kann, und es in ihm klingt, wenn er mich wirklich hören kann, dann ist das mein Glück.

Und dafür warte ich. Dafür tue ich das. Für diese Stern-schnuppe, damit sie vom Himmel fällt.

Dafür warte ich und warte und warte auf die Torfnase, die ich mir als Kronprinzen auserkoren habe und quäle mich und habe Sehnsucht und werde niemals, niemals, niemals satt. Ich bleibe ein ewiger Hungerleider mein Leben lang und warte und sehne mich, bis ich kohlrabenschwarz bin.

HINGABE

Meine Hingabe an bestimmte Orte und Zeiten korreliert ganz entschieden mit der Notwendigkeit, die Dinge nach Wichtigkeiten zu ordnen. Ich will mal sagen, diese Hin-gabe macht es mir reichlich unmöglich, immer zu berück-sichtigen, ob ich mich der richtigen Angelegenheit hingebe, wo doch anderes vielleicht dringlicher wäre. Ei-ner meiner vergangenen Chefs sagte mal: Kann es sein, daß Sie Schwierigkeiten haben, Wichtiges von Unwich-tigem zu unterscheiden? Es ist aber eher so, daß ich das eine *über* dem anderen vergesse.

Also ich sitze da im Flugzeug – Business Class! und wünschte, das Flugzeug würde überhaupt nicht landen. Denn am Ende der Landebahn, am Rande einer süddeut-schen Stadt, erwartet mich ein junger Mann, den ich gar nicht sehen will. Allein die Tatsache, daß er seit *neun* Jahren bei mir anruft und mir schreibt und um ein Wiedersehen bittet und meine Absagen freundlich ignoriert, hat mich dann doch irgendwann an einem schwachen Punkt er-wischt. Ich wollte mir die Schwäche ja nicht gestatten, aber die Chance, daß innerhalb von neun Jahren einmal ein Moment der Rührung auftritt, besteht eben, und zack, hat der Typ gewonnen. Ich glaube aber, daß es eine Finte war, und das macht mich so wütend. Ich weiß genau, daß er damals das Buch: «Manipulieren, aber richtig» gelesen hat, und ich bin überzeugt, daß er das da gelernt hat:

Nehmen Sie eine Absage freundlich entgegen und stellen Sie genau dieselbe Frage in einer anderen Wortwahl zu einer anderen Zeit wieder. *Freundlich!*

Oder so. Wie kann einer unbedingt eine sehen wollen, wenn er doch ganz genau weiß – die *will* ihn nicht sehen? Ist mir unbegreiflich. Jedenfalls bin ich ihm auf den Leim gegangen.

Ich habe Jürgen damals kennengelernt, nachdem wir beide an einem Schreibwettbewerb vom Liboriusblatt teilgenommen hatten. Später schrieb er dort, wo man viel Geld verdient, wenn man das schreibt, was gewünscht wird. Ich aber schrieb dort, wo man froh sein kann, wenn überhaupt irgendwas von einem gedruckt wird, und zwar umsonst. Jedenfalls hat er jetzt eine Menge Geld und kann mir einfach mal so einen Flug spendieren mit teurem Hotel und so weiter, während ich höchstens günstige Mitfahrgelegenheiten vermitteln könnte und einen Schlafplatz auf dem Klappsofa. Ich wollte immer ein armer Poet werden, aber dann habe ich es irgendwie übertrieben.

Ich nehme mir nun vor, den Abend ganz einfach irgendwie zu überstehen, und zwar mit Anstand. Aber dabei bedaure ich zutiefst, den raren Rohstoff Zeit mit einem Menschen zu verbringen, der aufgrund anderer Sendefrequenzen, also schuldlos, nicht in der Lage ist, mich in der geistigen Entwicklung auch nur einen Schippenschlag weiterzubringen. Das gilt ebenso für mich. Auch ich habe ihm nichts zu sagen.

Da steht er. Ich habe mich erst noch auf dem Klo herumgedrückt und am Kofferband gestanden, obwohl ich gar keinen Koffer habe. Aber da steht Jürgen.

Ich bin zu bis oben hin, als ich ihm unsäglich lächelnd die Hand schüttele. Er wirkt sehr locker und weltgewandt, und als wir Richtung First-Class-Hotel gehen, nimmt er meine Reisetasche und ist ganz furchtbar gut gelaunt. Dann drückt er mich und sagt, wie froh wir sind, daß wir uns endlich wiedersehen! Er sieht nicht schlecht aus, er ist groß und stark und hat rote Bäckchen. Ich aber bin froh, daß der Flieger erst um zehn gelandet ist, weil früher keiner ging.

Ich werde jetzt etwas *Köstliches* essen und um zwölf Uhr gehe ich zu Bett. Ich werde nett zu ihm sein.

Das Hotel ist ein Traum. Nicht altmodisch, aber kostbar, hell und feudal und gemütlich, ich fühle mich sofort phantastisch, was zweifellos am Hotel liegt und nicht an Jürgen. Wir lassen uns im Restaurant nieder, und Jürgen ist mir behilflich bei der Auswahl der Speisen. Er bestellt gegen meinen Protest viel zu viel für mich, wobei meinem Protest keine Bescheidenheit zugrunde liegt, sondern die Kenntnis über die Größe meines Magens. Ich habe im Flugzeug schon alles gegessen, was es gab.

Ich trage mein Katherine-Hepburn-Kostüm und die Haare im Stil der fünfziger Jahre und passe gut zur Speisekarte. Ich bin sehr froh, daß ich mit dem Essen nicht so Bescheid weiß, denn dadurch hat Jürgen zwanzig Minuten Grund zum Reden. Ich will nicht reden. Ich bin gestopft und zugenäht. Nach dem Thema Speisekarte fragt er mich, was ich so mache und tue. Ich rede von meinem unehelichen Kind, weil das männerabschreckend ist. Jürgen aber zeigt Begeisterung und Kinderliebe und lädt uns beide zusammen auf eine Skihütte ein. Ich werde wieder wortkarg und verweigere weitere Erzählungen. Ich *will* mich nicht einlassen. Von ihm kommt nun auch nichts Bedeutendes mehr. Wir kramen herum und haben nicht das kleinste Gesprächsthema. Wir schreiben zwar beide und bedienen uns ununterbrochen aller möglichen Worte. Jetzt aber leiden wir unter fatalem Wortmangel. Ich habe zwar noch Worte, aber ich geize damit und lasse sie nicht über Schlüsselbeinhöhe aufsteigen. Ich lasse ihn aufsitzen. Er muß einfach kapieren, daß nichts dabei herauskommt, wenn man eine einlädt, die nicht will. Schließlich erzähle ich Jürgen, daß ich nicht die geringste Lust hatte herzukommen, und daß er mich nur überredet hat, und daß ich als alleinerziehende, berufstätige Mutter mir derartige Sperenzien gar nicht leisten kann und will. Er sagt, es mache ihm überhaupt nichts aus, und er könne mich ja in meinem Heimatdorf besuchen.

Ich rauche seine Zigaretten. Wenn ich sagen würde: gib mir deine Socken, dann würde er mir jetzt seine Socken geben. Das Essen ist phantastisch, aber wie ich es auch drehe und wende, leider kriege ich doch nicht alles herunter. Frag mich bitte niemand, was ich da gegessen habe. Ich habe bedauerlicherweise kein Gedächtnis für so was.

Es ist immer noch elf Uhr. Ich bin bleiern müde vor lauter Verzweiflung. Da fängt er an:

Als wir uns zum ersten Mal gesehen haben . . .

Hör zu! schreie ich. Kommt 'n Mann zum Bäcker!

Jürgen sieht mich irritiert an, aber ich mache lautstark weiter:

Er bestellt ein Weißbrot und frißt es auf der Stelle ganz auf. Dann bestellt er ein zweites Weißbrot und frißt es ebenfalls auf. Der Bäcker glaubt, er sieht nicht recht. Aber der Mann bestellt noch ein einziges Brötchen und dann kotzt er alles stracks auf die Theke. Den Bäcker trifft fast der Schlag. Und dann nimmt der Mann . . .

Jürgen fällt rücklings in den Stuhl und wiehert los. Er rudert mit den Armen und beschallt das ganze Restaurant. Und plötzlich steht er auf und verabschiedet sich ganz förmlich und liebenswürdig, er müsse morgen früh raus.

Ich habe ein sauschlechtes Gewissen. Mußte ich denn so biestig sein? Lasse ihn Flugzeug und Taxi und Hotel blechen, und das einzige, das ich zu bieten habe, ist ein Bäckerwitz, wo einer auf die Theke kotzt.

Aber nun habe ich schon drei Wein getrunken und sehe alles nicht mehr so eng, jetzt, wo der Abend doch vorbei ist. Ich überrede ihn, noch einen an der Bar zu trinken, und das tun wir dann auch und erzählen uns bloß noch Witze. Dann geht er, und es tut mir alles ganz furchtbar leid. Ich schaue mich um und werde nun erst richtig wach. Ich schaue und begeistere mich und inspiziere dieses Traumhotel von oben bis unten. Stecke meine Pumps in die edle Schuhputzmaschine, schleiche in die Gesellschaftsräume und studiere die Pracht der Toiletten. Jede Treppenstufe ist ein Genuß, jeder Zimmerflur eine einzige Komposition, es muß ein toller Kerl gewesen sein, der die Einrichtung ausgesucht hat! Ein toller Kerl mit viel Kohle! Ich weiß intuitiv, daß es keine Frau war. Ich würde den Mann gern kennenlernen. Er hat mit Sicherheit Geschmack und Anstand, außerdem erotisches Feingefühl, und er ist ganz gewiß ein phänomenaler Liebhaber. Ich befinde mich in den Räumen eines liebenswürdigen Menschen, in seiner Schöpfung sozusagen. Ich setze mich auf die Treppe und genieße den Anblick der Bilder und der Stufen. Es dauert lange, bis ich mein Zimmer aufsuche.

Es öffnet sich mit einer Art Telefonkarte, und Sesam, Sesam, gelange ich in einen Raum, der sich von allen anderen Räumen so sehr unterscheidet, daß ich den Eindruck habe, das ganze Hotel sei überhaupt nur für mich erbaut worden, also für das bißchen, das besser ist in mir. Ich wage kaum, mich auf das schöne Bett zu legen, taste alle Lichter ab und lasse jedes einmal aufleuchten, ich betrachte den Stoff des Bettüberwurfs und die Holzschnitzerei an den Schränken, ich studiere die Auswahl der Videofilme und blättere in der Bibel, es gibt hier einfach nichts, was ich aus meinem täglichen Leben kenne. Also nehme ich ein Bad. Ich erwarte, daß aus den Wasserhähnen Eselsmilch kommt, aber es kommt Wasser. Die Hotelführung bittet in einem Bilderrahmen um Umweltbewußtsein und keine unnütze Verschwendung von Handtüchern. Ich liebe dieses Hotel und benutze nur ein Handtuch. Dann krieche ich nackt in das schöne weiße Leinen, um auch ja alles aufzunehmen von diesem Traumbett, und entschlummere mit kostbaren Gefühlen.

In tiefster Nacht weckte mich der Portier – freundlich – und todunglücklich muß ich das schöne Bett wieder verlassen (es hatte ein wenig mit meinen früheren Aschenputtelträumen zu tun, das Bett). Mein Flieger geht in einer Stunde. Kriege die Augen nicht auf. Pflege und creme, räume alles zusammen, schmachte noch einmal zurück und weiche aus dem Zimmer.

Doch im Frühstücksraum geht der Traum weiter!

Welch eine Südseekomposition auf dem Buffet! Welch eine Obstvielfalt! Was für ein Quarkarrangement, Weizen, Schrot und Korn wie ein ganzes Feld vor der Nase, leuchtende Säfte und duftender Kaffee, ich werde ganz weinerlich vor soviel Fülle. Eine nette freundliche Frau bringt mir Kaffee, sooft ich will, ohne dauernd Zettel auf einen Stift zu spießen. Ich könnte ununterbrochen seufzen und grunzen. Ich bade im Quark, suhle mich in den Honigsnacks, gleite in die Wassermelonen und zerfetze einen westfälischen Schinken. Träume über einem Croissant von Paris und fresse dann auf englisch weiter, ham and eggs, und dann futtere ich mich durch sämtliche Nationalitäten. Um mich herum lauter Piloten. Schmucke Jungs, muß ich schon sagen. Ich zwinkere mit den Piloten. Mein Frühstück ist keine Frage des Sattwerdens, es ist eine Hommage an . . ., an . . ., nicht wahr. Die Piloten riechen nach Aftershave und haben ein willensstarkes, glattrasiertes Kinn.

Ich möchte hier für immer bleiben. Dennoch, die Pflicht ruft. Ächzend erhebe ich mich, verabschiede mich leider vollgefressen von diesem Traum, ordere ein Taxi und lasse mich zum Flughafen fahren.

In der Schalterhalle frage ich am Informationsschalter, wo hier das Check In für den nächsten Flug nach Frankfurt ist.

Die Stewardeß sieht mich an, als hätte ich sie nicht mehr alle.

Ihr Flug nach *Frankfurt*?

Ich nicke erstmalig leicht beunruhigt.

Aber ich bitte Sie! Die Maschine ist doch längst in der Luft! Da stehe ich und sehe sehr alt aus.

Um neun Uhr muß ich in Frankfurt sein, und es wird

umständlich und teuer. Ich muß es aber irgendwie schaffen bis dahin, egal wie, und wer weiß, was bis dahin noch alles passieren wird!

Das ist es, was ich meine. Es war zwar ein wenig mühsam, dieses Beispiel mit dem zu verbinden, was ich ausdrücken will, aber ungefähr so: Ich verpatze eine menschliche Begegnung und gebe mich einem Hotelzimmer hin. Ich werfe mich fort für ein paar Brötchen und verpasse dafür mein Flugzeug.

Und ich seufze und ich stöhne und ich halte mir mein unpäßliches Hirn, aber wenigstens, was auch immer heute noch geschieht, wenigstens habe ich gut gefrühstückt.

VERBOTEN

Ich war mal Zimmermädchen auf Langeoog.

Ich war überwältigt von der grauen Nordsee und dem Schimmelreiter. Ich war sehr glücklich, Zimmermädchen zu sein. Ich hatte auch eine Schürze, eine gestreifte. Sieben Zimmer machte ich sauber, und morgens und abends brachte ich das Essen. Das war ein schönes Leben. Manchmal putzte ich die friesischen Fenster im hohen Giebel, aber schon eine Stunde später waren sie wieder zerschlagen und zerkratzt vom wehenden Sand. Ich ging lange spazieren.

Dann wurde es lustig. Ein Haufen junger Ärzte kam angereist und sie hielten einen gynäkologischen Kongreß ab. Ich putzte die Klos von den jungen Ärzten. Ich sang laut beim Kloputzen, denn ich war aufgeregt. Die dünnen

Läufer waren voller Sand. Überall lagen Ärztesocken herum. Zum erstenmal in meinem Leben hielt ich den ausgezogenen Socken eines Arztes in der Hand. Aber gut, ich hatte schließlich noch andere Gäste. Die alleinstehende Hilke Sülversum, die froh war über jedes gute Wort. Ich gab ihr viele gute Worte und kümmerte mich möglichst oft um sie. Das tat ihr gut. Noch eine alleinstehende Dame, die Krebs hatte und hoffte, daß ihr Mann nachreisen würde. Aber er reiste nicht nach. Sie wollte ihre Ruhe haben und nicht angesprochen werden. Ich ließ sie in Ruhe und nahm nur ein leises Staubtuch.

Aber einer der Ärzte hatte Sommersprossen. Er war ein großer Mann. Und ausgerechnet dessen Zimmer hatte ich nicht! Es war im ersten Stock. Ich aß mit der Köchin Labskaus und dachte über alles nach. Er gefiel mir, aber er war ziemlich weit weg. Obwohl ich ihm praktisch in sein Klo sehen konnte, lagen Welten zwischen uns. Sein Kopf war sichtlich voll mit gynäkologischen Problemen, und ich schwang mutig den Mop und die Bürste und dachte nicht daran, ihm irgendwie zukommen zu lassen, daß ich ja in Wirklichkeit kein Zimmermädchen . . . ich *war* Zimmermädchen. Extra. Und ich sang laut. *Donne moi – donne moi, donne moi, donne moi – toi!!!* Er lauschte meinen wüsten Klängen, grinste und schlakste davon.

Ich wußte nicht, was ich von ihm halten sollte. Er hätte besser in einen Rennwagen gepaßt. Vielleicht wäre er gut gewesen als taubstummer Bodygard. Jedenfalls war es unvorstellbar, daß ihn auch nur ein einziges menschliches Problem interessierte. Er war ein Mann, dem eine Frau nichts erzählt. Er war ein Mann, dem eine Frau alles erzählt, bloß nicht, daß sie einen Scheidenpilz hat. Keine

Frau auf der Welt würde sich von so einem Typen die Hämorrhoiden wegmachen lassen.

Er brauchte gar nicht erst eine Praxis aufzumachen, da kam sowieso keine.

Aber er war sehr groß und gut gebaut.

Vielleicht war er auch nur einfach sehr nett.

Vielleicht lag da noch irgendwas in seinem Inneren, das man nicht sehen konnte.

Vielleicht war er einfach nur ein Stoffel und dachte, mit Weiberleibern kann man am meisten Kohle machen.

Vielleicht interessierte er sich auch bloß nicht für *mich*.

Im übrigen war er mir eine Nummer zu groß. Zu alt, zu fern, zu reich, er war wie ein Kleid im Schaufenster einer Boutique, das einem zwar irgendwie gefällt, aber nicht genug, um diese Boutique zu betreten. Im Leben nicht, denn in dieser Boutique würde man sich sehr unwohl fühlen. Und doch steckte er mir im Kopf. Ich wollte ihn nicht deftig anbaggern, aber ich wollte Dinge über ihn wissen. Ich war neugierig, auch weil ich Zimmermädchen war.

Ich wollte sehen, verdammt noch mal, ob er ein Bild von einer Gattin auf dem Nachttisch stehen hatte, ich wollte seinen Schlafanzug sehen, ich wollte seinen Rasierapparat anfassen, ich wollte wissen, ob einer wie er Boxershorts trägt oder Schießer-Doppelripp oder Strings. Das kann man doch verstehen, oder nicht? Und ich hatte dieses Schlüsselbund am Leib! Ich darf nicht mehr daran denken, wie dieses Schlüsselbund rasselte. Und *außerdem* wußte ich, daß heute, fünfzehn Uhr, Anwesenheitspflicht im Kongreßraum war. Für *alle* Ärzte.

Mann, wieso hatte sich dieser eisgekühlte Huckleberry Finn nur auf das falsche Stockwerk gelegt? Ich hätte doch in Ehren in seine Bude kommen können, und dann hätte ich mir alles unschuldig angeguckt, und nichts wäre passiert. So aber war ich in Versuchung, einen Raum zu betreten, in dem ich auf Tod und Teufel nichts zu suchen hatte, wo auch nicht ein einziger Mülleimer stand, der mich was anging!

Es war ja alles bloß, weil das Schlüsselbund so rasselte. Dann guckte ich noch mal vorsichtig Treppe hoch, Treppe runter und auf die Uhr. Es war genau drei Uhr.

Rumms, stak der Schlüssel im altfriesischen Schloß. Ich war so neugierig, daß ich mit zittrigen Knien ins Zimmer schlich.

Ein geöffneter Koffer auf der Ablage. Kein Bild. Ein roter Schlips über dem Sessel und dann . . . *Boxershorts!* Grüne. Aha! Ich grinste und freute mich. Weiter! Das Bad! Mein Gott, dieser Schlampen hatte alles verrempelt und auf den Boden geworfen und die dünne Fußmatte als Handtuch benutzt. Gynäkologe sein wollen, aber sich mit der Fußmatte abtrocknen! Die Zahnbürste war neu. Vielleicht extra für den Ärztekongreß. Und Braun Sixtant sechstausendsechs für sein Rennfahrerkinn. Da waren noch die Reste von den Stoppeln von heute morgen drin. Ich tastete mal schnell über die Stoppeln. Davidoff! Wen wollte er denn damit verführen? Hilke Sülversum? Ich ging zurück ins Zimmer. Auf dem Schreibtisch war gar nichts, kein Papier, kein Stift, nicht mal ein Rezeptblock. Ich bin immer sehr enttäuscht, wenn ein Mensch nichts auf dem Schreibtisch hat. Wenigstens waren da aber die grünen Boxershorts! Na, das ist ja auch was. Ich tippte ganz schnell auf die Hose. Durch die Tür ging es ins Schlafzimmer. Also ging ich.

Und rammte frontal gegen zwei Füße. Ich war so erschrocken, ich konnte es nicht fassen. Ich taumelte rücklings gegen die Türklinke und blieb schief daran hängen. Lang aus dem Bett ragten zwei bleiche Füße mit ockerfarbenen Fersen.

– Na? sagte er grinsend.

Ich konnte nicht antworten. Ich war erstarrt. Ich kürte diesen Augenblick sofort zum peinlichsten Moment meines Lebens.

– Wieso sind Sie nicht auf dem Kongreß?

– Ich hatte keinen Bock. Diese ätzenden Langweiler.

Er grinste. Aber er sah *nicht* hinreißend nett aus, wie man sich einen nackten Mann mit Sommersprossen in einem zerwühlten Bett vorstellen kann, ich meine, wer würde sich nicht auf Robert Redford stürzen, ich meine, er sah scheißzynisch aus. Aber das durfte er, denn wer hier eindeutig die Hundert im Minus hatte, war ich. Bestimmt hatte er mich auch im Bad herumwurschteln hören. Ich konnte nicht mal richtig denken, ich konnte auch gar nichts mehr tun, ich konnte nur verrenkt am Türgriff hängen und einen nackten Mann anstarren.

– Setz dich doch ein wenig zu mir?! Er grinste und tippte neben sich auf die Matratze. Müßte ich jetzt mit ihm schlafen, weil ich in sein Zimmer gekommen war? Ich hängte mich in einer Bewegung von großer Eleganz ab, hockte mich hin und versuchte, mich mit sowenig Arsch wie möglich auf dem Matratzenrand zu halten.

Mit einer Geste, die er vermutlich für aufregend, erotisch und sinnlich hielt, streckte er den Arm aus, wickelte ein Stück Milka Schokolade aus dem Papier und hielt es mir hin. Der wollte mich jetzt erlegen, das war sonnenklar. Ich war das Zimmermädchen und ich hatte ihn nackt im Bett überfallen. So verstand er das. Wie kam ich da bloß wieder raus? Ich kaute ratlos auf der Milka herum.

Schon streckte er begehrlich seine langen Arme nach mir aus. Schon robbte ich rückwärts durch das ganze Bett, krallte mich an die Bettpfosten, und als er mir lechzend entgegenkam, grätschte ich über die Bettkante hinüber und gelangte irgendwie mit dem Hintern zuerst aus dem Bett, ruderte nach der Tür, hinkte nach oben, *knickste*, er geierte, ich rief – Bis dann zum Abendbrot! und rannte linkisch und gebeugt wie Quasimodo aus der Tür.

Ich lief in mein Dienstmädchenzimmer, und wenn dort ein Eimer Asche gestanden hätte, dann hätte ich ihn mir sofort auf den Schädel gekippt. Aber ich mußte büßen ohne sichtbare Zeichen. Ich dachte, ein Rennfahrer in Boxershorts, dem man seine Hämorrhoiden nicht anvertrauen kann und der nichts auf dem Schreibtisch hat, der ist nichts für mich. Den soll man in der falschen Boutique hängenlassen, dort wird schon eine reiche, beringte Dame ohne Hämorrhoiden kommen, die ihn für erlesen und schön hält und sich von Milka-Schokolade stimulieren läßt, und dann nach ihm greift.

Ich mußte ihm noch einige Male sein Brot bringen, und jedesmal wurde ich so rot wie die untergehende Sonne über der Nordsee.

SCHÖN SEIN

Ich überlege, ob ich schön sein will. Gehört das zu mir, wenn ich einen Anblick biete? Bin ich eitel? Habe ich, oder habe ich nicht Jahre damit verbracht, Scheitel zu richten, Blusen zu wählen und Schenkel nach Besenreisern abzusuchen? Habe ich. Ich spiegele mich. Ich nehme den Spiegel und sehe hinein.

Es ist eigenartig, wie ein Gesicht sich vom Morgen bis zum Abend verändern kann. Von der teigigen, unausgeschlafenen zur eher beruflich-präsentablen Fassung, bis hin zur freudvollen Abendlicht-Blüten-Version. Ich frage mich, wie ich eigentlich aussehen will. Ob ich aussehen will. Ja. Aber es ist so angenehm, sich morgens, nur von Wasser und Bürste berührt, auf den Weg zu machen und hübsch in Ruhe gelassen zu werden. Wenn ich dann während der Arbeit in den Spiegel sehe, ärgere ich mich. Wieso kann ich nicht, schön wie ein junges Pferd, zu allen Zeiten gleich beeindruckend aus dem Stall kommen? Wenn *ich* aus dem Stall komme, ist das was anderes.

Jedenfalls bin ich jetzt das Geschlampe leid. Ich will meine Haare pflegen, meine Haut – ab dreißig – verwöhnen und den Augen mit Stiften und Pinsel und Tusche auch tagsüber den Ausdruck verleihen, der sie von Fischaugen unterscheidet. Ich mache mir Gedanken über meine

Wirkung. Und es ist unerhört, wie sich die eingebildete Wirkung von der tatsächlichen unterscheiden kann. Ich bin verwirrt darüber, wie Menschen einen betrachten und was man mit Kleidern und Frisur alles anrichten kann, ohne daß man davon weiß. Aber ich behaupte: man kann nie, niemals sagen wie man aussieht, und wenn man noch soviel tut oder läßt, immer kommt irgendeiner und führt dir brutal vor, daß du ganz anders aussiehst, als du dir das gedacht hast.

Dafür habe ich einen Beweis. Und diesem Beweis braucht nichts hinzugefügt zu werden!

Geschehen vorige Woche. Nachdem ich meine zwanziger Jahre damit verbracht hatte, mehr das wüst-starke Weib zu geben, die Betonung also auf ungestüme Wildnis legte, kam ich ab dreißig auf die Idee, meine Zartheit zu betonen. Ich war meine breiten Schultern leid. Da ich starke Handgelenke habe, überhaupt ganz ordentlich ausgebaute Knochen, wollte ich nun einfach, sagen wir mal, mein *inneres empfindsames Wesen* leuchten lassen. Ich wollte eine *innere* Schönheit zutage kommen lassen, also transparenter werden, shining sozusagen, ich wollte mich beruhigen und mein Inneres auf eine sanfte Weise sichtbar werden lassen. Dafür konnte ich meinen halben Kleiderschrank fortschmeißen.

Aber ich habe es versucht! Ich ließ aus meinen Haaren alle Locken, alle schwarzen und alle roten Farben heraus. Wählte ein seidiges, einfaches Naturbraun und band sie weich im Nacken zusammen. Durch die braunen Haare kam ich darauf, daß Braun nahezu ideal war, Schlichtheit zu fördern. Außerdem brauchte ich ein Kleid. Ich kaufte ein braunes Kleid. An den Schultern so einfach gearbeitet, daß ich tatsächlich viel schmaler aussah. Nicht mehr kofferhaft und verwegen, sondern fast wie ein Mädchen, wirklich zart. Ich war tatsächlich anders, sobald ich das Kleid trug. Ich war gerührt. Dazu lange Strümpfe, ein Strickjäckchen und nichts weiter als die Haarspange.

Mit diesem ganz und gar neuen Gefühl ging ich erst einmal probehalber auf die Straße. Aber ich war mir nicht ganz sicher. Ich mußte noch mal, ging zurück auf die Toilette und dann lief ich durch die halbe Stadt. Es war ein Frühlingstag, jawohl. Ich war fasziniert davon, wie anders es mir ging. Es durfte doch nicht sein, daß das Kleid den Menschen macht. Trotzdem war es so. Ich hing in meinem Kleid. Aber ich war so glücklich, von innen nach außen zu wirken, daß ich auf jeden Fall mehr ich selbst war, als in den falschen Farben der letzten Jahre. Ich brauchte für nichts und niemanden mehr aufzutrumpfen, ich hatte den Rückschritt gemacht vom wilden Feger zum sanften Windspiel in den Gassen. Es war also möglich, sich nicht eckig oder ungelenk zu fühlen. Es war mir möglich, mich leicht und schmal zu erleben, als sei ich das, und das war ich dann auch. Was für ein Glücksgefühl! Schließlich machte ich mir heftige Vorwürfe, soviel Zeit in Schlamperei und falschen Kleidern verbracht zu haben. Daß es doch das mindeste ist, sich in Einklang zu bringen mit sich selbst, daß man auch durchaus seinen Mitmenschen einen passablen Anblick verschaffen sollte und nicht ewig in einem Leck-mich-Outfit herumlaufen soll. Ich verstieg mich darin, über das Wesen der Schönheit nachzudenken. Die eigene Form der Schönheit. Das Sweatshirt war doch nur ein Versteck. Ein Schutz. Wenn ich das Sweatshirt wegwarf, war ich bereit, gesehen zu werden. Wenn ich bereit war, gesehen zu werden, setzte das voraus, daß ich mich gut genug fühlte, um den Blicken standzuhalten. Und Blicke nahm ich überall wahr. Jeder sah mich an. Die Männer drehten sich um. Sogar Frauen drehten sich um. Es war, als ob ich jeden irgendwie berührte, als ich vorüberging. Konnte ich in meinen starken Klamotten die Leute fast zurückdrängen, wegdrängen, Abwehr hervorrufen, so zog diese weiche, geöffnete Liebenswürdigkeit offenbar jeden an. Sogar jedes Kind. Ich war fast bestürzt über soviel Aufmerksamkeit. Ein einfaches Kleid. Ein Junge stand von seiner Schultasche auf. Männer sprachen hinter mir über mich. Ich änderte meinen rüpelhaften Gang in ein federgleiches Schreiten, ich mußte tatsächlich erst einmal verkraften, wie mich plötzlich jeder sah. Vorher war ich gewiß nicht unsichtbar gewesen, aber das war gar nichts gewesen gegen diese Aufmerksamkeit. Plötzlich erinnerte ich mich wieder daran, wie mich die Leute ansahen, als ich fünfzehn war. Da war auch immer Frühling gewesen. Irgendwie kam ich mir hold vor. Dann auch noch anmutig. Dann schön. Ich schaute in der Welt herum, als gäbe es nichts besonderes zu sehen, als sei ich in Gedanken, in holden Gedanken. In meinen Gedanken aber geriet ich in den Kaufrausch. Eine zarte Bluse mußte herbei. Schmale Schuhe. Ein leichter Armreif. Nur noch zart. Nur noch sanft. Nur noch weich. Nie wieder eckig. Nie wieder behäbig.

Ich ging ins Kaffee. Ich kaufte eine Zeitung. Ich kaufte mir ein Eis. Ich schlenderte und genoß. Gewöhnte mich allmählich an den Ausdruck meiner Schönheit und fühlte mich darin unendlich wohl. Philosophierte vor mich hin und philosophierte über das innere Wesen und hätte sicher noch bis morgen früh philosophiert. Als da plötzlich sich eine Frau von der Bushaltestelle löste. Sie löste sich von allen Betrachtenden und Faszinierten, trat auf mich zu und sagte – Hm, Entschuldigung.

– Aber ja? fragte ich im Höchststadium der Huld.

– Sie haben sich ja da hinten den ganzen Rock in die Hose gestopft.

Seither bin ich auf das äußerste vorsichtig, wenn ich darüber nachdenke, wie ich mich fühle, schön hin, schön her, wie ich aussehe, aussehen könnte und ob ich widerspiegele, wie es mir geht oder was ich bin. Und daß ich ganz sicherlich meine Sweatshirts brauche und meine Verstekke, wenn mich niemand sehen soll. Eine bockstarke Frau will ich nicht mehr sein. Das mit dem inneren Wesen, da ist schon was dran. Ich will nach mir aussehen. Viele Male bin ich mit meinem Aussehen gar nicht zufrieden, so wie ich mit mir gar nicht zufrieden bin. Viele Male ist es mir wurscht.

Und manchmal will ich schön sein. Ohne mich dafür schämen zu müssen. Ohne Bürste, ohne Festiger, ohne Gedöns will ich schön sein. Und dann gucke ich aber immer lieber erst mal nach, ob ich mir auch nicht den Rock in die Hose gestopft habe.

ARM SEIN

Ich habe immer davon geträumt, ein armer Poet zu werden, als ich noch Arbeit hatte und genug Geld. Dann bin ich erst einmal arm geworden. Ich bin sogar ganz arm geworden. Ich lebe in einem einzigen Zimmer. Darin steht ein Bett, ein Schrank, ein Tisch und ein Stuhl. Wenn ich im Bett liege, bräuchte ich nur noch einen Regenschirm, dann wäre ich vollendet. Alles, was ich habe, kann man mit einem Blick übersehen. Handtücher, einen Koffer, zwei Kochtöpfe.

Ärmer werden ging am Anfang nicht so gut, dann aber wurde es immer einfacher. Erst habe ich mein Auto verschrottet, heulte ein wenig, dann hatte ich keines mehr. Dann krachte mein Sofa auseinander. Ich nagelte es noch ein paarmal zusammen, legte eine Decke darüber, dann hatte ich keines mehr. Erst kaufte ich immer noch Kleider, zwei im Sommer, zwei im Winter, Strümpfe, Schuhe, einen Armreif, Ohrringe, ein Hemd, eine Hose. Dann kaufte ich nur noch ein Kleid im Sommer und eines im Winter. Dann fing ich an, die Sachen zu suchen, die man noch tragen kann, ohne daß man sieht, daß sie aus dieser Saison nicht mehr stammen.

Wenn ich früher Hunger hatte, ging ich irgendwohin und kaufte mir was zu essen. Dann fing ich an, zu überlegen, ob ich auch wirklich Hunger hatte. Dann fing ich an, früher aufzustehen und schmierte mir Brote.

Was ich gern hätte, weiß ich. Ich hätte gern einen schönen, dicken, dunkelgrünen Wintermantel mit einem kleinen Kragen drauf. Ich würde gern weit, weit wegfahren. Nach Amerika. Ich hätte gern so ein schweinisches Ding wie einen Videorecorder, damit ich «Tanz auf dem Vulkan» zu Hause sehen könnte.

Ich könnte, wenn ich Geld hätte, mir einen Platz in der alten Oper in der vordersten Reihe leisten. Ich könnte mir ein schönes, neues Sofa kaufen, damit ich abends darauf liegen kann. Aber ich kann nur im Bett liegen oder sitzen. Wenn ich ein Sofa hätte, oder mehr Stühle, dann könnte ich auch Gäste einladen. Und dann könnte ich diese Gäste mit dem besten Käse und gutem Wein bedienen, ich könnte auch etwas Schönes kochen. Ich würde dann auch für mich öfter kochen und vielleicht weniger oft diese Sachen aus der Büchse essen. Hühnersuppe, Hühnerfrikassee, Ravioli, Serbische Bohnensuppe, Pichelsteiner Eintopf. Ich würde auch jeden Tag Obst kaufen. Beim Gemüsehändler auf dem Markt.

Das kann ich aber auch nicht. Wenn es im Sonderangebot Apfelsinen gibt, kaufe ich einen Beutel und essen jeden Tag eine Apfelsine, bis der Beutel leer ist. Oder ich könnte mir meine Brille reparieren lassen. Ich habe schon wieder den Bügel abgebrochen. Die Brille zu reparieren kostet fünfundvierzig Mark. Ich habe schon zweimal fünfundvierzig Mark bezahlt. Jetzt setze ich bei der Arbeit die Brille nicht mehr auf, und daheim hält die Brille auch, wenn man sich ein wenig Creme auf die Nase schmiert. Mit einem Bügel. Und sonst brauche ich gar keine Brille. Bald bekomme ich sicher ein Kassengestell. Ich könnte mir eine Leiste kaufen, wo ich den Duschvorhang dranhänge. Aber an der Wäscheleine hängt er ja auch ganz gut. Ein neuer Duschkopf wäre natürlich schön. Dann hätte ich nicht dauernd den uralten Kalk auf dem Kopf, und wer behauptet, Essig sei ein guter Kalkentferner, der lügt.

Ein Fahrrad. Um einen Ausflug am Main entlang zu machen oder abends in die Biergärten zu fahren. Beim Friseur sitzen! Lange. Mit Kaffee. Und sich Tönung machen lassen, Schoko oder Kastanie, damit die Haare ordentlich glänzen. Und nicht immer mit schon gewaschenem, trockenem Haar den Pony und die Spitzen schneiden lassen. Dazu ein Haufen Zeitungen und sie wegschmeißen, wenn sie gelesen sind! Bunte Glanzpapierzeitungen. Das ist aber nicht so wichtig. Zeitungen kann ich umsonst lesen, bei der Arbeit, sogar die mit Glanzpapier.

Ich möchte gern einmal so ein Seminar besuchen, eines von denen, die auf Schlössern stattfinden, eine Woche lang, für den Körper, zur Selbstfindung oder mit Musik oder irgendwas, aber das kostet doch glatt 700,– DM. Ich hätte gerne ein Bild. Ein Bildnis. Jenes aus der Galerie, das blaue Bild, an dem ich immer vorbeigehe, ach was, ich weiß doch gar nicht, was auf dem Bild drauf ist, ich gucke doch gar nicht richtig hin.

Da wünsche ich und wünsche und wünsche so vor mich hin. Eigentlich finde ich es nicht schlimm, mich mit einem Brillenbügel zu behelfen. Wenn die Brille schräg hängt, dann schiebt man sie eben wieder mehr auf die andere Seite, mit der Zeit rutscht sie dann in die Mitte, und bis sie wieder in der alten Schräge hängt, hat man gut und gern schon eine halbe Seite geschrieben. Was mich aber doch beschäftigt, ist die ewige Sorge, weil es vorne und hinten nicht reicht. Das Zimmer, das ich habe, ist so teuer. Ohne Keller, ohne Speicher, ohne Küche. Nun gut, zwei Herdplatten tun es auch. Ich wünsche mir nicht wirklich ein Fahrrad. Ich wünsche mir, die Angst los zu sein, für mich zu sorgen. Ich möchte einmal aufrecht und unbefangen

auf die Bank gehen können, und nicht mehr hereinschlei-
chen, um nur anonym den Geldautomaten oder den
Auszugsdrucker zu bedienen.

Jedoch ist mir die Vorstellung, ich müßte wieder acht-
unddreißig Stunden arbeiten, gräßlich. Dann könnte ich
hier nicht sitzen. Könnte ich nicht den Frieden haben, der
in mir ruht und aufsteigen will, wenn ich ihn nur gewäh-
ren lasse.

Darum halte ich das aus. Ich esse wieder Haferflocken,
weil sie nur neunundsechzig Pfennige kosten und lange
sättigen und mit Milch schmecken sie gut. Ich nehme
H-Milch, weil sie drei Tage länger frisch bleibt und nicht
sauer wird. Käse kann man auch mit Flügeln essen. Die
Flügel kaut man weich, dann ist das Brot noch mal belegt.
Marmelade von der Mutter ist für die Ewigkeit. Einge-
kochte Mirabellen schmecken tausendmal besser als die
vom Plusmarkt. Jetzt habe ich mich dabei entdeckt, wie
ich die Tüten vom Bäcker aufbewahre, weil man darin
sein Butterbrot einwickeln kann. Ich lege sie sorgfältig
zusammen und stapele sie hinter der Kaffeedose. Wenn die
Düse vom Festiger kaputt ist, schmeiße ich nicht etwa die
Dose weg, sondern gehe beherzt mit meinem einen Brot-
messer dran und säbele sie durch. Auch in flüssiger Form
hält ein Festiger prima. Habe ich morgens zuviel Kaffee
gekocht, dann schütte ich ihn in die Thermoskanne und
nehme den Kaffee mit zur Arbeit. Zitronentee von Aldi
läßt sich endlos strecken. Ich trinke jetzt mehr Tee, weil
die Beutel so billig sind. Kein Teebeutel ist mir zu staubig,
als daß ich nicht noch irgendein Getränk daraus fabrizie-
ren könnte. Trinken ist sowieso teuer. In diesem Jahr habe
ich mich endlich daran gewöhnt, auch Frankfurter Kalk-

wasser aus der Leitung zu trinken. Ich lasse keinen alten Zwieback mehr ungefressen. Kein Bouillonwürfel, kein Ei, kein Gurkenende wird übersehen. Noch nie war mein Schrank so ordentlich. Die übelste meiner Angewohnheiten, etwas neu zu kaufen, weil ich das alte nicht wiederfinde, hat sich nahezu erledigt. Habe ich meine Haarnadeln nicht mehr, dann bleiben die Haare offen, bis die Haarnadeln wieder da sind. Ist der Ring in der Bettritze verschwunden, na, dann trage ich eben keinen Ring. Was soll der ganze Tand. Ein vor Jahren erstandenes viel zu dunkles Make-up läßt sich doch mit Nivea aufhellen, und dann kann man es plötzlich und unerwartet wieder nehmen. Wie ekelhaft. Aber das habe ich alles schon gemacht. Zaubertrick. Eigentlich bin ich da gelandet, wo meine Uroma aufgehört hat. Eingekochtes und zusammengefaltete Tüten. Was braucht denn so eine Oma noch. Gummiringe, Wurzelbürste, Kernseife. Ich fange auch sicher noch an, Strümpfe zu stopfen.

Wenn ich überlege, gibt es vieles, was mir fehlt. Was ich gerne hätte. Und doch gibt es etwas in mir, das auf genau diesen Lebensumstand reagiert und sich bemerkbar macht. Es gefällt ihm. Es antwortet auf eine alte Vorstellung vom Leben in Armut. Wo ein Zimmer nur ein Bett und einen Tisch und einen Stuhl haben darf. Was also geschehen ist, es sind Dinge gewichen, und wo vieles gewichen ist, da habe ich mich besinnen können. Alles, was ich jetzt habe, hat an Wert gewonnen. Ich achte eigentümlicherweise mehr auf Gegenstände, als ich das jemals vorher getan habe. Ich sehe sie jetzt auf einmal. Wenn ich aufstehe, habe ich ein dankbares Gefühl für meine Schuhe. Weil sie gut sind und lange halten und ich darin gehen kann. Ich glaube nicht, daß ich jemals auf die Idee gekommen bin, mich bei einem Schuh zu bedanken. Er hört es doch auch gar nicht. Die Tüte. Wenn ich eine Bäckertüte aufhebe und sie zusammenfalte, bin ich dankbar für die Bäckertüte und ich finde sie schön. Ich habe Freude am Zusammenlegen einer Bäckertüte. Es geht mir viel besser, weil ich nicht mehr den Eindruck habe, metertief im Plunder zu waten. Ich fühle mich stärker, wenn ich sehe, wie lange und gut man auch in ausgeschabten Klamotten leben kann, und daß ein Pullover beständig ist und einem noch immer die Knochen wärmt, auch wenn er für andere längst seinen Glanz verloren hat. Wie stark man sich fühlen kann, obwohl man überhaupt keinen Glanz und Gloria mehr an sich hat. Ich habe mich nicht wohl gefühlt, als ich dauernd alles mögliche fortgeschmissen habe, aus Angst, es sei zu schäbig und könnte der Einschätzung meiner Person schaden, mich als geschmacklos oder billig oder minderwertig entlarven. Jetzt, wo wirklich alles schäbig ist, finde ich das Schäbige schön. Ich kann nicht verreisen, obwohl ich gerne verreisen würde. Das bringt mich dazu, immer auf diesem einen Stuhl zu sitzen. Ich sitze immer hier, auf meinem alten, schönen Holzstuhl mit hoher Lehne und einem blauen Kissen. Ich liebe diesen Stuhl ganz besonders. Ich liebe auch den Tisch. Bloß den Schrank, den liebe ich nicht so. Es ist eben ein Schrank. Dadurch, daß ich aber eben immer hier, Moment, mir ist die Brille verrutscht, immer hier sitze, kehren auch meine Gedanken immer zum gleichen Ort zurück, sie schweifen nicht ab, sondern konzentrieren sich immer mehr. Wie ich also hier sitze, entwickelt sich etwas. Das, was ich schöpfe oder denke, wächst gleichmäßig in schöner Stärke und wird etwas.

Wenn ich arm bin, ist alles kostbar. Sogar ein Gedanke. Das hat mir die ganze Ärmlichkeit zu verstehen gegeben. Aber ich würde nicht sagen, daß die Armut ein Lebenselixier ist. Das ist nicht wahr. Denn genauso, wie ich mein Zimmer mit Stuhl und Tisch liebe, liebe ich eigentlich auch die schöne Vielfalt, ich meine den Überfluß und das Geschwelge. Gott wäre nie auf die Idee gekommen, bloß eine Tulpe, einen Löwenzahn und ein Vergißmeinnicht zu erschaffen. Wenn einer ein schönes Schloß gebaut hat, mit Säulen und Türmchen und Erkern und Lüstern und Burggraben, so war er sicherlich ein blutrünstiger Menschenschinder, Mägdeschänder, Obertan. Aber das Schloß ist dennoch schön. Ich mag ganz besonders die Transvestiten, je überladener sie sind, je roter der Mund, je größer die Klunker, je länger das Bein und riesiger die Perücken. Ich mag alles, von dem man sagt, das ist viel zu viel. Ich war ja auch schon viel zu viel.

Bloß, ich kann im Moment einfach mal nichts kaufen. Ich hätte gerne einen schönen, dunkelgrünen Wintermantel mit einem kleinen Kragen drauf. Ich würde gerne den «Tanz auf dem Vulkan» zu Hause sehen können. Ich würde gerne nach Australien fahren mit dem Schiff. Aber währenddessen sitze ich hier auf meinem einen Stuhl und denke mir das alles und frage mich, ob es wirklich wichtig ist, über einen Wintermantel nachzusinnen.

Denn draußen, wenn ich es recht besehe, blinkt doch der Sonnenstrahl, die Kastanie streckt sich, ich glaube, es wird Frühling.

BERÜHMT SEIN

In mir ruht der Drang, berühmt zu werden. Ich bin froh, daß er ruht.

Aber es gab mal eine Zeit, in der ich nichts anderes im Kopf hatte, als könnte ich es selbst erzwingen, und als müßte ich es erzwingen, als hätte ich sonst mein Leben vertan. Und ich glaubte auch, das stünde mir zu. Ich glaubte, dazu verpflichtet zu sein. Als wäre mir das in die Wiege gelegt und von einer weisen Frau vorausgesagt, als sei ich eigens dafür gemacht und geschaffen, meinen Weg zum Ruhm zu finden.

Das ist geheim. Das habe ich niemals jemandem gesagt. Aber gedacht habe ich es schon immer.

In dieser Zeit also war ich nicht berühmt. Ich hatte allerdings hier und da mal auf besagten Brettern gestanden, ein wenig Kabarett gemacht, einige Liedchen gesungen, eben mal so dies und das. Es gab kein Brett der Welt, das mir zu schade gewesen wäre, als daß ich mich nicht darauf gestellt hätte, um zu spielen und loszuagieren, was auch immer es sei.

Ich kann nicht sagen, daß ich unbegabt bin. Ich merke, wie ich sie alle auf ihren Stühlen erreiche, wie ich sie packe, wie sie mir lauschen und wie sie ergriffen sind, ja ergriffen, das ist nicht gelogen.

Nein, ich lüge nicht. Ich betrachte tatsächlich bebende Schultern aus den Augenwinkeln, also wenn ich die Augen auf Halbschärfe stelle. Wenn man die Augen eine Spur verrückt, dann stellt sich ein Sehen ein, das wie ein ungewaschenes Fernglas alles verschwimmen läßt. Grau in Grau. Ich bin bei meinen Auftritten darauf angewiesen, meinen Blick zu entschärfen, denn ich kann das Publikum nicht aushalten. Ich kann es nicht ansehen. Ich fürchte mich vor jedem einzelnen Augenpaar und registriere ausschließlich Lautstärke, Raunen, Gelächter und Intensität des Applauses.

Ich behaupte hiermit und ich hoffe, daß ich nicht lüge, daß es mir möglich ist, und daß es auch schon geschehen ist, daß ich eine große Ansammlung von Menschen rühren kann und sie in glanzvollen Höhepunkten auch zum Heulen bringe. Naja, ist ja auch unwichtig. Damals war das mit der Karnevalsitzung. Es ist so typisch für diesen Drang, berühmt zu werden.

Ich wohnte in dieser Stadt, ich verdiente mein Geld dort, hatte eine Anderthalb-Zimmer-Wohnung und hing Abend für Abend über selbstverfaßten Texten herum. Ich wäre gerne in Kreise gekommen, in denen langhaarige Künstler mit Gauloise zwischen den Fingern auch über selbstverfaßten Texten hingen, aber ich lernte nur meinen Pantomimelehrer kennen, eine Krankenschwester – die mit mir im Pantomimekurs war –, einen Gitarrelehrer und zwei Frauen aus einer Band, die mir sagten, meine Texte seien noch nicht gut genug und ich müßte erst lernen, das zu sagen, was ich *wirklich* will.

Welche Form der Darstellung, welcher Ausdruck mir bestimmt war, wie ich das ausdrücken wollte, was in mir sich so dringend auszudrücken wünschte, war zu diesem Zeitpunkt noch völlig offen. Ich fing an zu tanzen. Als das Tanzen nichts war, fing ich an zu singen. Als das Singen nichts war, fing ich an mit dem Kabarett. Ich war ein Dampfkessel, der ununterbrochen nach allen Seiten pfiff.

Da kam auf einmal ein Brief von der Stadt. Man überbrachte den Brief sogar persönlich. Ich hickste und knickste und ging rückwärts mit meinem Brief auf handgeschöpftem Papier mit Goldrand.

Ich kannte da zwei Typen von der Stadt. Und die kannten meine künstlerischen Bestrebungen und hatten mich auch schon erlebt. Jedenfalls schrieb mir der Oberbürgermeister der Stadt oder das Pressebüro oder die Werbeagentur der Stadt und irgend so einer lud mich förmlich und höflich ein, die städtische Karnevalsveranstaltung, die wie immer in hoch offiziellem Rahmen mit geladenen Gästen – und auch einigen Freiwilligen – in der Kongreßhalle stattfinden werde, mit einem lustigen Beitrag zu bereichern. Im Falle meiner Zusage sei ich als Programmpunkt zwei vorgesehen.

Ich sagte schneller zu, als der Bote daheim war. Ich wußte nicht was, ich wußte nicht richtig für wen, ich wußte nicht wie, aber ich würde etwas machen. *Egal wie*. Mir würde schon etwas einfallen. Meine Energie kam sofort in Schwung. Ich schöpfte, schuf und dachte nach, ich schwitzte, schnaufte und schuftete, ich mußte etwas erfinden, das so saukomisch war, das so eindringlich, so unvergeßlich, so intelligent war, daß kein Mensch im ganzen Saal mich jemals wieder vergessen konnte.

Ich lag in der Badewanne und bereitete eine Büttenrede vor. Wochen und Monate erging ich mich in dreidimensionalen farbenprächtigen Vorstellungen von meinem Auftritt. Ich erfand ein karnevalistisches Bühnenstück, einen feministischen Schwank für Bürger, ein echt gutes Ding, dessen Inhalt ich aber inzwischen in meinem Gehirn gelöscht habe, beziehungsweise es ist wahrscheinlich abgestürzt, vielleicht ist der Akt mit allem Drum und Dran

61

ganz einfach aus der Widerwärtigkeit der Erinnerung von mir gegangen.

Ich weiß aber noch, wie ich zu meiner Mutter aufs Land fuhr und mir Kostüme schneidern ließ, eines für den Auftritt und eines für danach, wenn wir in der Sektbar herumschlürften und ich einen der Männer kennenlernen würde, die auf jeden Fall schon berühmter waren als ich. Meine Mutter nähte mir ein traumhaftes Kleid, schwarz, eng anliegend und bestickt, trägerlos, und nach einer überlangen Taille kam dann ein grünes, durchsichtiges Tüllgebausche.

Ich hatte meine Büttenrede auf langen Waldwegen geprobt und verinnerlicht und es war alles ganz leicht. Ich war sehr zuversichtlich, daß es ein großer Erfolg werden würde.

Als dann das mit der Einsamkeit passierte. Ich meine, ich bin schon immer sehr einsam, wenn ich dasitze und darüber nachdenke, was ich tun kann, daß, sagen wir mal, tausend Leute an meinen Lippen hängen und ich dann vergesse, daß zum gegenwärtigen Zeitpunkt nicht mal einer auf irgendeine Weise mit meinen Lippen beschäftigt ist. Irgendein Haken hakt sich selbständig aus und mein seelisches Kostüm sitzt nicht mehr richtig.

Einen einzigen Tag vor dem Auftritt fiel ich in ein so fürchterliches Loch, daß ich kaum glaubte, je wieder aufzutauchen, geschweige denn, eine Prüfung auf der Bühne zu bestehen, auf die ich mit aller Macht gewollt hatte.

Ich liege krank in der Badewanne. Ich blicke gegen die braungetünchte Decke und verzweifle an den aufsteigenden Wasserdämpfen. Jede Kachel springt mir entgegen, jede Fuge präsentiert ihren Schimmel, irgendwie ist alles zu spät und alles verbrochen, verdorben, ich rezitiere die Rede teilnahmslos rückwärts und vorwärts, da hängt mein Pailettenkleid mit grünem Tüll am Alibert, da fällt mir die Luftröhre ein. Ich kämpfe einen Kotzkampf, ich werde grau wie das Abflußrohr da hinten, ich schwitze im Wasser, das kann doch alles nicht sein.

Was nun kommt, ist vor jedem Auftritt gleich. Alles wird immer übler von Stunde zu Stunde. Ich kenne doch da keinen Menschen. Keiner hinter der Kulisse ist mir auch nur halbwegs vertraut. Auf der Fahrt ins Kongreßzentrum verliere ich nach und nach das Gefühl für sämtliche Körperteile. Dann werde ich taub, dann werde ich stumm, und dann sehe ich nichts mehr. Vollinvalid betrete ich die riesige Halle mit meinem Kleiderbügel unterm Arm und dem Korb mit allen Büttenredenutensilien und es verschlägt mir den letzten Atemzug. *Hier ist ein total übler Ort.* Ich weiß es, ich merke es bis in die Zungenspitze, daß hier alles falsch und verkehrt ist. Würdige Herren im Anzug schleichen mit Begräbnisgesichtern umher, rücken noch den einen oder anderen Stuhl gerade, schweigend, stumm. Die ganze lustige Fastnachtsgesellschaft, selbst die Funkenmariechen befinden sich in tiefster Depression. Wo bin ich hier? Wer hat das alles angezettelt? Kein Weltwirtschaftsgipfel, keine Jahresbilanz von Amnesty International, kein Staatsbegräbnis war je so traurig wie diese Fassenachtssitzung. Hier ist alles unwirklich, die Farben sind erloschen, die Konturen haben sich wegen Sinnlosigkeit aufgelöst.

Noch eine Stunde bis zum Auftritt. Ich organisiere mir ein Bier, einen Schnaps, ich könnte mich besaufen bis zum Umfallen. Da stehe ich dumm herum, bis mich zu guter Letzt irgendeiner begrüßt und mir meine Garderobe zuweist. Die Garderobe ist schneeweiß, sterbensbleich – Neonlicht.

Ich ziehe den Tüllfummel an mit Netzstrümpfen. Oh wie lustig. Ich halte es nicht aus und renne wieder raus, schäkere versuchsweise hier und da, aber ich ecke nur an und störe alle. Jeder, der damit beschäftigt ist, auch nur eine Falte am Bühnenvorhang zu richten, tut es mit Inbrunst, mit Wut, mit knirschenden Zähnen, mit Schweißperlen auf der Stirn und sieht und hört nichts. Ob hier überhaupt irgendeiner irgendeinen kennt? Sie sagen gar nichts. Je mehr Narrenkappen, je mehr Orden einer umhängen hat, um so mieser ist er gelaunt.

Völlig einsam stehe ich da, bis plötzlich eine Walküre auf mich zueilt und mich als Programmpunkt zwei begrüßt. Flatternde Gewänder, mächtiger Busen und ein Strohhut auf dem Kopf. Was sind wir wieder lustig heute. Braunroter Lockenkopf, und sie lacht. Jaaa, sie kennt das. Auch sie war jahrelang immer Programmpunkt zwei und ist durch mich jetzt hinter das Ballett gerutscht. Programmpunkt vier! Zwei ist schlecht, sagt sie. Da sind die Leute noch so nüchtern. Ein sturer Verein hier, alles gelangweilte Beamte. Als Programmpunkt zwei muß man die Leute noch anheizen, keine leichte Aufgabe bei denen hier.

Ich bin dankbar, daß sie mich beachtet und mich ein wenig ablenkt. Dann rauscht sie davon, und ich bin wieder allein. Da plötzlich geht alles ganz schnell. Ich weiß nicht, wie es passiert ist, ein wenig Musik, ein Gesang, etwas – Jetzt-geht's-los, da schmeißt es mich auf die Bühne. Vor mir tausend Menschen. Im Nebel und in künstlichem Licht. Da stehe ich.

HELAU!!!

Irgendwas muß ich jetzt machen und ich grapsche wild und blind nach dem Mikrofon und besinne mich fern meines Waldweg-Badewannen-Büttenredentextes und fange an. Tätää. Mein Autopilot fährt, ich bin ohnmächtig. Alles was ich wahrnehme ist ein endloser Menschenhaufen ohne Horizont, Köpfe wie Mensch-ärger-dich-nicht-Puppen, schwankend der ganze Saal, wenig sichtbare Gesichter durch bläuliches Licht und beleuchteten Staub und irgendwo glimmen Kronleuchter von den Decken. Ich sehe wenig. Dafür schalten sich meine akustischen Antennen ein. In Bruchteilen von Sekunden mache ich eine präzise Aufnahme von der Befindlichkeit der Leute und ich registriere:

In diesem Saal hat kein Mensch wirklich Lust gehabt zu kommen. Alle kamen notgedrungen, und weder die hinter der Bühne noch die da unten im Parkett amüsieren sich auch nur im geringsten. Das Publikum erwartet nichts, außer Langeweile, höchstens am Ende des Programms eventuell noch eine hübsche Idee, die es vielleicht dafür entschädigt, hier so trostlos ausharren zu müssen. Auch von mir kann nichts kommen, ich bin Programmpunkt zwei und nur der Anfang einer endlosen Angelegenheit, die jeder schon kennt. Meine Kehle ist trocken, und der Alkohol macht sich in meinen Knien bemerkbar. Ich stehe nicht recht auf meinen Füßen.

Aber irgendwie nach der ersten Strophe scheine ich mich zu festigen. Heiß hier oben. Schwer heiß. Aber ich habe jetzt zu tun mit dem, was ich sage. Ich werde wieder Fleisch und Blut, glaube ich. Ich kriege euch noch, ihr

Miststücker! Dann lachen sie. Sie haben gelacht! Der ganze sture Haufen! Allmählich dämmert mir, daß ich ihre Sympathie gewonnen habe. Möglicherweise. Pedantisch lausche ich auf das Stuhlrücken in der Reihe, in der der Kellner bedient, ich höre einen Mann, der schon besoffen ist, und die zwei, die aufstehen, um auf die Toilette zu gehen. Wie ein Blitz schießt mir während meines Geredes der Gedanke dazwischen, daß die da doch vorher noch hätten gehen können, ich bin doch erst Punkt zwei, und daß *ich* niemals aufs Klo gehe, um niemanden zu kränken, der auf der Bühne steht. Ich mache weiter. In Reihe zwei haben zwei Frauen gegluckst, und das macht mich schon wieder unsicher, weil ich nicht weiß, worüber sie glucksen, es war keine Pointe an dieser Stelle. Ich versuche noch mehr zu bieten und gestikuliere, ringe um die Gunst der Masse, ich ringe und sehe nichts.

Das Lachen wird zweifellos gutmütig. Locker. Liebevoll. Aus verkarsteten Kehlen kommen grunzende Töne. Ich kann aber nicht glücklich sein, wenn nicht das Lachen klingt wie ein Ausbruch, wenn nicht alles lacht und schallt, und wenn nicht ein einziges Schenkelklatschen hörbar wird. So lange habe ich nicht gewonnen, so lange habe ich total versagt und verschwinde im Erdboden.

Ich kämpfe. Dann merke ich, daß mein Text gleich zu Ende geht. Ich habe nur noch eine Strophe. Ja und dann? Mir sinkt der Boden unter den Füßen weg, der Kampf ist noch nicht zu Ende gekämpft, und es droht mir, ohne wirklichen Sieg gleich fertig zu sein, und was dann? Nichts mehr. Ich weiß nicht weiter. Meine Rede ist weg. Weiße Leinwand in meinem Hirn. Ich wühle ohnmächtig in meinen Blättern herum und finde die Stelle nicht mehr. Tätää, tätäää, tätää. Die Leute spendieren mir einen Extrabeifall, um mich zu ermutigen. Im grünen Minirock mit Netzstrümpfen. Irgendwas muß geschehen. Den Rest brülle ich auf Biegen und Brechen von hinten nach vorn und völlig ungereimt heraus, es fehlt die Hälfte, aber dennoch, die Leute johlen, sie haben überhaupt nichts gemerkt, und ich ernte einen, objektiv betrachtet, guten Applaus. Die im Saal sind jetzt besser drauf als eben, aber ein richtiger Ausbruch war das nicht. Ich bin am Erdboden zerstört.

Als ich von der Bühne herunterwanke, fallen mir alle um den Hals, sie sind aufgewacht. Sie sind jetzt lebendig. Aber mir kann nichts mehr helfen. Ich stürze in meine Garderobe und falle in meinen Tüll. Ich kann nicht mehr. Der Applaus hat nicht geholfen. Ich will nie mehr hierher. Nie mehr. Dann stürze ich mein Bier hinunter und brauche eine halbe Stunde, um die Fassung wieder zu erringen. Es ist nicht schön gewesen. Ich habe mich zur Schau gestellt, und es war nicht genügend, es war nicht schön. Was soll ich noch hier. Da hängt mein Kostüm für nachher. Fürs Sektbargeschlürfe.

Auf, sage ich mir, reiß dich zusammen, du kannst hier Leute kennenlernen, die wirklich interessant sind. Du bist darauf angewiesen, Leute kennenzulernen. Du kannst dich jetzt nicht so gehenlassen, du hast doch die Power und übertreib nicht immer so, zieh dein Kleid an und schwing dich auf den Barhocker. Also restauriere ich mich und gehe eine ganze Zeit später wieder heraus. Bleibe irgendwo hinter der Bühne, das eine oder andere Gesicht ist mir doch bekannt, und wir tuscheln ein wenig wirres Zeug. Mein Glas bleibt keine Sekunde ungefüllt, das will ich nur mal sagen.

Nach dem Finale dann der Sektempfang. Der Himmel will es, daß ich die einzige Frau bin. Ich bin todunglücklich. Diese fremden Anzüge machen alles noch viel schlimmer. Nicht ein einziges liebes Gesicht. Kein Augenpaar, das mich irgendwie erreicht oder auftauen könnte. Ich wanke herum, ich verabschiede mich aus diesem Trauersaal von Fräcken und stürze in den aufgelösten Saal. Mein Kleid, wie lächerlich, mein schönes Kleid. Ein Kellner im weinroten Spencer schiebt mich genervt zurück, und dann beachtet mich niemand mehr. Ich rufe noch zwei bekannten Gesichtern etwas zu, aber sie hören es nicht richtig und wenden sich ab. Da kann ich nicht mehr. Ich hetze noch einmal durch alle Säle, bahne mir einen Weg durch lauter wahnsinnig lustig kostümierte Beamte und rufe in der größten Not ein Taxi.

Daheim komme ich nicht mehr die Treppe hoch. Ich hocke auf allen vieren im Treppenhaus und die Kostüme liegen quer auf den Stufen und ich komme einfach nicht weiter. Ich heule so sehr, daß meine physische Übersetzung nicht mehr klappt, ich kriege mich die Treppe nicht hochgeschafft und ich weiß, daß es furchbar für mich ist, wenn mich einer aus dem Haus auf der Treppe in diesem Zustand sieht mit den Karnevalsklamotten auf den Stufen. Aber ich komme einfach nicht weiter. Ich habe ein Wasser in mir, das ist einfach uferlos, alle Schleusen sind geöffnet und ich komme keinen Millimeter mehr weiter.

Das ist es, was ich meine. Ich tauge gar nicht wirklich für eine Bühne. Ich komme immer so schlecht wieder runter.

Aber so etwas habe ich getan, nur weil ich glaubte, auf irgendeine Weise berühmt werden zu müssen. Ich tue das nicht mehr. Ich glaube nicht mehr, daß ich mir einen Arm und das Ohr und zwei Beine selbst abschneiden muß und auf den Tisch legen, ich glaube nicht mehr, daß man von mir verlangt, daß ich auf dem Kirchturm einen Striptease mache. Ich glaube, daß irgend etwas vielleicht einfach kommt.

Der Drang ist aber noch in mir. Er bleibt. So wie andere Leute zu frühzeitigem Rheumatismus neigen oder zu übermäßigem Alkoholgenuß. Vielleicht werde ich aber auch niemals berühmt und ich habe mich geirrt. Bisher bin ich jedenfalls nur, von Scham überwältigt, auf einer Mietshaustreppe gelandet, wo ich in ein paar Karnevalsklamotten hineingeheult habe. Mit sechzig oder siebzig werde ich wissen, ob ich mich geirrt habe. Jetzt noch nicht.

VERPUFFT

Der Impuls für den heutigen Nachmittag ist vollkommen klar. Ich sitze auf meiner Küchenbank und denke über meine Wohnungsangelegenheiten nach. Wie habe ich es nur geschafft, mit dreißig noch einmal bei meinen *Eltern* zu landen? Es war mir immer eine Horrorvision, aber wahrscheinlich war es eine Horrorvision, weil ich unbewußt spürte, wie schicksalsträchtig ich selbst dafür veranlagt bin und dafür gesorgt habe, daß mir so etwas passieren wird! Ich sitze also im obersten Stockwerk dieses Hauses in Trägheit und Lähmung und warte darauf, daß mein Chef von Frankfurt angereist kommt, um mir einen Mietvertrag für eine Drei-Zimmer-Wohnung in Frankfurt-City, für 600 DM kalt, in den Schoß zu legen. Ich muß, ich *muß* meine Resignation und diesbezügliche Wohnungstristesse bekämpfen und nehme mir Blatt und Stift und versuche eine Strategie zu entwickeln:

1.: Besuch des Wohnungswesenamtes in Frankfurt
2.: Anzeige
3.: Systematische Maklerabklapperung
4.: Systematisches Anzeigendurchforsten.

Natürlich habe ich einen gewissen weiteren Horror davor, tatsächlich mit Elisa in Frankfurt zu wohnen. Ich liebe Frankfurt. Aber sie, kann sie sich da überhaupt bewegen, hat sie da ein schönes Kindheitsbild in ihren Erinnerungen, wenn sie später einmal zurückdenkt? Wird sie hier nur halbwegs so glücklich sein wie auf dem Dorf? Ich selbst liebte das Dorf als Kind über alles. Saftige Wiesen, schwarzer Holunder, Maisfelder, Weizenfelder, dicker Baum und der ganze Kram. Ich liebte es so sehr, daß ich heute zähneknirschend noch immer hier herumhänge und in den saftigen Wiesen das Elend kriege.

Ich greife noch einmal lustlos zu meiner Wohnungssuche-Strategie. Raschele ein wenig in meinen Blättern. Ich sitze auf einem blauen Stuhl gegenüber einer blauen Bank vor einer gelben Wand. Jetzt ist der Faden gerissen. Was wollte ich eigentlich? Ich wünschte mir immer Zimmer, die aussehen wie Schuppen. Inmitten der Schuppenherstellung hat mich die Lust verlassen, und ich denke, daß ich nicht hier wohnen will. Bloß nicht noch gemütlicher machen das Ganze. Ich sehe meiner Tochter beim Spielen zu und merke, daß ihr Haar nicht mehr blond um den Kopf herumfliegt, sondern leicht strähnig aussieht. Ich packe sie – freiwillig kommt sie nicht –, mache Quatsch mit ihr und stecke sie in die Badewanne. Zur Belohnung, weil sie es mitmacht, baue ich mit ihr eine Schaumburg.

Dann fällt mir ein, daß Maria im Dorf ist! Ich muß sie unbedingt anrufen, sie ist ein Mensch, den ich wirklich sehr gerne mag, und wenn sie schon nur einmal im Jahr hier ist, dann muß ich sie wenigstens mal anrufen. Mein Gefühl sagt, laß es doch bleiben, sie kann sich ja selbst melden. Ich gehe aber anrufen. Eigentlich muß ich an diesem Nachmittag mal dringend meine Angelegenheiten regeln und mein Zimmer aufräumen. Aber dann habe ich Maria an der Strippe. Maria freut sich riesig. Wir quatschen und plaudern in alter Manie sofort drauflos. Maria und ich verbindet eine herzliche Telefonfreundschaft. Aus allen Städten, in denen wir jemals lebten, haben wir stundenlange und nächtelange Telefonate geführt, völlig gleich, ob wir uns damit in den finanziellen Ruin brachten oder nicht. Wir tauschen unsere Neurosen aus wie andere Leute Briefmarken. Sie malt besessen Bilder und schreibt besessen Gedichtsfitzel und stopft alles in alte Schuhkartons.

Ich denke, daß ich doch mal runterfahren muß, um sie zu besuchen. Ich will sie gar nicht besuchen. Aber ich denke, ich *müßte* sie besuchen. Wenn sie schon mal da ist. Ich glaube, daß ich mich um sie kümmern muß, weil sie sonst vielleicht annehmen könnte, ich würde mich nicht richtig für sie interessieren, und ich will sie nicht kränken.

Dieses ist der Moment des richtigen Impulses und der falschen Entscheidung. Ich beachte meine richtigen Impulse nicht im geringsten. Ich gehe vollkommen in den Impulsen der anderen auf und entscheide jeweils, was für den anderen besser sein könnte. Also sage ich zu Maria, ich käme doch einfach mal auf einen Sprung vorbei für einen Kaffee. – Äh ja! beeilt sich Maria zu sagen und versucht, mir den Eindruck zu vermitteln, daß sie sich aufrichtig freue. Wir verabreden uns für eine Viertelstunde später. Ich gehe, ziehe meine Tochter an, kämme sie und fahre mit dem Waschlappen über ihre verschmierte Nutellaschnute. Natürlich kommen wir fünf Minuten zu spät.

Maria freut sich nicht im geringsten. Es ist mir beim Eintreten sonnenklar, daß sie diese beiden Tage nur für ihre Familie und besonders für ihre Schwester haben wollte, und daß sie gemütlich den ganzen Tag mit ihr Karten spielen, Kaffee trinken und rumlungern wollte. Ich störe. Sie sind mitten im Spiel.

– Wir sind gleich fertig! beeilen sie sich zu sagen. Ich denke; du bist doch ein Schaf. Wieso bist du nicht daheim geblieben, wo du eine Menge Arbeit hast und nichts geregelt kriegst. Die Schwestern sind abweisend, der Fall ist klar. Ich bin vielleicht ein Rindvieh. Ich ziehe mir meine Tochter auf dem Schoß zurecht und wir zupfen an einem Wollfaden herum. Meine Tochter ist ein immerwährender Schutz in unrühmlichen Situationen.

Allmählich wird den beiden die blöde Situation bewußt. Ich bekomme einen Kaffee, der nicht mehr ganz warm ist.

So, was jetzt? Ich kann ja nicht gleich wieder gehen. Das wäre zu doof. Ich schweige und wir vertiefen uns weiter in den Wollfussel. Wie tröstlich ist doch ein Kind auf dem Schoß. Da beeilen sich die Schwestern mit schlechtem Gewissen, zum Ende des Spiels zu kommen, und werfen dann die Karten auf den Tisch und widmen sich uns mit verschärftem Ernst. Maria spielt mit dem Kind. Wir machen Konversation. Schule, Studium, Beruf, aber wir kommen auf keinen Zweig.

Unterschiedliches Interesse, kein Thema, das uns wärmt, es macht einfach nicht – Klick, wir reden erfolgreich aneinander vorbei. Wir hadern verzweifelt über die Musik im Radio, verschiedene Sender, Moderatoren, die nicht mit uns älter werden wollen, Techno-Scheiß, aber immer endet das Gespräch, weil sich Maria oder Annette geistig ausschalten und irgendwas anderes tun. Den Gameboy aufladen, Elisa ein Pferd zeigen, Kaffee neu aufgießen. Nach zehn Minuten weiß ich schon, das hier wird im Leben nichts. Ich verspreche mir hoch und heilig, den Zeitpunkt abzuwarten, der mir signalisieren wird: so jetzt kannst du gehen.

Der Zeitpunkt kommt um halb fünf. Ich weiß genau, daß ich jetzt ohne Wenn und Aber gehen kann. Der nutzlose und vertane Nachmittag ist zu beenden. Ich deute ängstlich an, daß ich *glaube*, daß ich jetzt gehen muß. Ich rechne nämlich immer damit, daß meine Entscheidungen kritisiert werden.

– Waaas?! Du willst schon gehen?! Beide Schwestern springen schuldbewußt auf und holen mir schnell noch einen Kaffee und bieten mir eine Zigarette an. Maria läßt das Kind beiseite stehen und erzählt nun mit besonderer Anstrengung etwas wirklich Ernsthaftes und Interessantes aus ihrer letzten, zu Bruch gegangenen Beziehung und natürlich etwas Aktuelles aus ihrer Therapie. Weil ich die Schwestern nicht hängenlassen will, steige ich sofort darauf ein und stelle kluge und ernsthafte Rückfragen. Auf diese Art und Weise verzögern wir meinen Abgang mühelos bis sechs Uhr. Es ist ein völlig sinnloser Nachmittag. Ich gehe und ärgere mich über das liegengebliebene Zeug in meinem Zimmer. Warum bin ich meinen Impulsen wieder einmal nicht gefolgt?

Zu Hause mache ich Elisa das Abendbrot in der Küche meiner Eltern. Ich habe selbstverständlich kein Stück eigenes Brot bei mir oben. Während ich noch die Butter aufs Brot schmiere, erscheint im Türrahmen Tante Martha.

Man kann nicht gerade behaupten, daß Tante Martha in unserer Familie die Größte ist. Eigentlich ist sie verhältnismäßig kurz. Ich mag sie sehr, aber ich bin nicht immer auf sie vorbereitet. Sie steht, wie es bei uns im Dorf üblich ist, einfach irgendwann in der Tür. Sie mustert und prüft mich, sagt guten Abend und geht an mir vorbei zu meinen Eltern. Obwohl Tante Martha ziemlich oft kommt und auch nie danach fragt, ob der Besuch gelegen sei oder nicht, bemerke ich an ihrem vorsichtigen Schritt, ihrem vorgestreckten und gesenkten Kopf immer dasselbe: die Angst, nicht willkommen zu sein. Tante Martha ist hochempfindlich. So oft, wie sie kommt, so oft müssen wir von vorne anfangen, ihr schweres Mißtrauen abzubauen. Wir bieten zu essen an, zu trinken – obwohl sie niemals etwas nimmt, geben ihr Platz und nehmen sie ununterbrochen auf die Schippe.

– Oh, du hast einen neuen Haarschnitt! Aerodynamisch! Jetzt kannst du vielleicht durchs Dorf wetzen!

Tante Martha lacht laut, wird dann plötzlich völlig unsicher und greift sich ins Haar. Sie weiß einfach nicht mehr, ob wir sie veräppeln wollten, oder ob es nur einfach ein gutmütiger Witz war. Wenn wir Tante Marthas Geburtstag vergessen – der achtundsiebzigste inzwischen –, dann ist sie so gekränkt, daß sie ein halbes Jahr nicht mehr kommt.

Ich stehe jetzt hier und weiß: du mußt keinesfalls hier unten bleiben. Gehe mit Elisa hoch, ordne deine Kontoauszüge ein, fülle das Meldeformular aus, benachrichtige alle von deiner neuen Kontonummer, putze das Zimmer, sortiere die Wäsche, schreibe endlich die fälligen Briefe undsoweiterundsoweiter.

Allein hier stehe ich und ertrage Tante Marthas Angst vor Abweisung nicht. Ich bin vollkommen erfüllt von Tante Marthas Ängsten. Ich setze mich also mit ins Eßzimmer und erzähle Martha so lange von meinem Bummel im Sommerschlußverkauf, bis sie sich beruhigt. Wir kommen ins Schwätzen, und während mein Vater sich diskret den Fernseher angestellt hat, hat sich meine Mutter mit dem Abwasch in die Küche verzogen. Elisa vergräbt ihre Puzzlesteine als Schatz unter dem Teppich, und Tante Martha und ich sitzen weiterhin am Tisch und unterhalten uns prächtig.

Als Tante Martha gegen acht Uhr geht, kommt der nächste Anstoß aus meinem Inneren: *Das Kind ins Bett!*

Ich betrachte mein Kind, wie es mit Feuereifer unter dem Teppich herumwühlt, über alle Polster tobt, wie sie herumtobt und singt und plappert und strotzt vor Kraft und Begeisterung. Soll ich wirklich diese geballte Lebenslust brechen? Wie kann ich das? Ich kann es nicht. Morgen fällt ihr der Himmel auf den Kopf. Morgen heiratet sie den nächstbesten Blödmann und ihr Kind wird mißhandelt und sie wird tablettensüchtig wegen ihrer Depressionen. Man wird sie belügen und betrügen – und da soll ich ihr diese herrliche Stunde Hüpfen auf dem Wohnzimmersofa versauen und sie ins Bett prügeln? Ich kann das nicht. Ich schaue ihr zu und sie soll alles machen, was sie will.

Unversehens gerate ich bei meinen Eltern auf dem biederen Sofa in einen höchst albernen Fernsehfilm. Der Gedanke an meinen Papierkram kommt mir von Zeit zu Zeit wie Zahnschmerzen ins Bewußtsein.

Um neun Uhr springt meine Mutter hoch und schreit mit größtem Vorwurf: – Mein Gott, das *Kind* muß doch ins Bett!!

Ich werde wütend und sage: – Sie braucht nicht viel Schlaf. Aus Trotz lasse ich sie noch eine weitere halbe Stunde herumspringen.

Bis sie schläft, ist es zehn Uhr. Ich liege daneben wach und grübele. Warum ich keine Wohnung in Frankfurt kriege. Warum ich meine Behördengänge nicht schaffe. Wieso ich immerzu in einem Saustall lebe. Wieso meine ungeheuerlichen Energien immer in Lähmung enden.

ABWESEND

Ich sehe prächtige braune Pferde über die Wiesen sprengen, sie ziehen kraftvoll den Ochsenkarren. Moment. Den Ochsenkarren? Es müßte doch ein Ochse sein, der den Ochsenkarren zieht. Und wenn sie mit dem Auto gekommen sind? Um Gottes willen, ein Auto ist ganz häßlich. Die sprengenden Pferde sind aber auch für einen Schulmeister zuviel. Also gut, er kommt auf dem Ochsenkarren. Der Schulmeister steht jetzt auf, sieht das Dorf, und sein Gesicht blüht auf wie ein Hefekuchen, nein Unsinn. Doch nicht wie ein Hefekuchen. Es strahlt, es strahlt über alle Maßen, o wie dieser Mensch strahlt. Ich sehe ihn stehen vor dem blitzblauen Himmel . . .

– Sie hört das nicht. Du muß das anders machen. Du mußt sie am Arm packen und immer hin- und herschütteln, feste. Und erst wenn sie sich selbst bewegt, dann kommt sie zu sich.

– Also ich rede schon gar nicht mit ihr, ohne daß ich sie vorher anschubse. Du mußt sie wirklich vorher anfassen. Dann kann man losreden und halbwegs sicher sein, daß sie es mitkriegt.

– Also ich bin ehrlich manchmal beleidigt, da rede ich

und rede auf sie ein und sie guckt einen an, echt, die guckt einen an und hört rein gar nichts. Hört gar nicht zu!

– Aber ich glaube nicht, daß sie es persönlich meint. Am besten nimmt man immer einen nassen Waschlappen mit, wenn man mit ihr weggeht. Die träumt am hellichten Tag. Sie rennt auch gegen Wände und gegen Mülltonnen.

– Echt?

– Echt.

Dann spüre ich an meinem Arm einen Griff und merke, wie mein ganzer Oberkörper wüst durcheinandergerüttelt wird. Langsam wird mir bewußt, daß irgendwelche Leute über mich reden, während ich dabeisitze. Ich befinde mich noch immer in der maisgelben Landschaft und versinke vor Entzücken, weil ich dabei bin, das Abendrot neu zu erschaffen. Da hebt sich wie bei einem schwerfälligen alten Fahrstuhl der schmiedeeiserne Vorhang, und eine andere Welt tut sich hinter der Landschaft auf. Ich starre in die altvertrauten Gesichter meiner Freunde und merke, daß ich in einer Kneipe sitze.

– Seht ihr? sagt Sybille. – Jetzt kommt sie wieder zu sich.

– Hier, hör mal, das ist ja wirklich furchtbar mit dir. Man meint, du wärst stockblind und taub und stumm und was nicht noch alles. Du bist ja Vollinvalide.

– Außerdem ist es ziemlich unhöflich.

Ich erschrecke. Schon wieder. Das habe ich nicht gewollt. Ich wollte meine Freunde nicht geistig ausschalten oder ihnen nicht zuhören oder unhöflich sein. Ich gebe mir viel Mühe, mich zu erkundigen, wo wir stehengeblieben sind, und worum es geht, wie es jedem geht, und wenn mir einer was erzählt, nicke ich ganz besonders oft mit dem Kopf. Wenn ich in eine andere Welt abrutsche, dann merke ich den Übergang nicht immer. Ich bleibe dann auch so lange darin, wie sie bunt ist und leuchtet und glänzt, und dann renne ich plötzlich irgendwo dagegen oder es haut mich einer aufs Haupt. Dann bin ich wieder bei Verstand.

Tatsächlich ist es aber so, daß meine inneren Bilder oft stärker sind als das, was sich tatsächlich so abspielt vor meiner Nase. Die Schönheit der Bilder ist so heftig, daß es mich sofort aus dem Verkehr zieht. Ich höre, sehe buchstäblich nichts, außer natürlich in meinem Inneren, da sind die Stimmen klar wie der helle Tag, die Menschen reden und bewegen sich und machen Kunststücke. Ich erfinde Geschichten. Dauernd. Immer. Oder ich sehe sie einfach. Es ist in meinem Kopf meistens viel schöner als in der Welt.

Natürlich, in meinem Kopf bin ich die Alleinherrscherin. Es gibt keine Folter, keine braunen Schweine, keine Vergewaltigungen. Von mir aus können Elfen und Hexen tanzen. Ich möchte um Verständnis bitten. Es ist so, daß ich das Blut und die Demütigung, die neuen Nazis, die verletzte Kinderscheide, die Knochengerippe, Kindergerippe, Greisengerippe nicht ertrage. Jeder Gedanke, jedes Bild macht mich schier rasend, ich ertrage es wirklich nicht. Ich heule und flenne auf der Stelle, wenn ich davon höre. Es macht mich irre, wirklich. Und was ich dagegen tue, ein Brief, eine Spende, ist lächerlich. Ein Gebet, ein Gebet und noch ein Gebet. Aber ich halte es nicht wirklich aus. Der schiere Gedanke ist wie eine rasende Krankheit ein Leben lang und unheilbar.

Das Kirmeskarussell in meinem Kopf aber gibt mir

Kraft und Mut. Es ist das leuchtende Rot. Das dralle Gelb. Das satte Grün. Eine Welt, die noch nicht erschaffen ist, aber möglich. Von heute auf morgen kann ich Mäuslein aus den Löchern kriechen lassen oder Riesen über kurze Strohwiesen schicken, es können Dramen geschehen, die ich mir vorstelle auf Brecht-Bühnen, es verwandelt sich die Goethesche paradiesische Helle in die Nacht eines Nachtjägers in Paris, ich bin die Herrscherin aller Dinge, die möglich sind im bunten Universum unter meiner Schädeldecke.

Darum weiß ich nicht immer, wo ich bin, hier oder da. Ich bin niemals böse, wenn ich gerüttelt und geschüttelt werde. Würden sie mich nicht schütteln, dann hätte ich schon oftmals meinen Zug verpaßt oder nichts mehr zu essen gekriegt. Auch schätze ich die Menschen um mich so sehr, daß sie mein Abdriften nicht verdient haben. Aber nicht immer ist einer da, der mich bewahrt. Wie oft stehe ich im Keller und weiß gar nicht, warum. Tauche auf dem Römer auf oder in einer Straße, die ich nicht kenne.

Letztens ging ich ins Schnellrestaurant. Ich bestellte mir einen Kaffee, ein Stück Kuchen, eine Gabel, Löffelchen aufs Tablett, bezahlte und fing an zu essen. Da plötzlich fiel mir ein, daß ich doch noch die Fotos im Kaufhof abholen wollte. Und zwar bis eins. Ich ging also los und ich kann wirklich nicht mehr sagen, welche Oper ich gerade eben in meinem Kopf komponierte oder welches Epos ich der Nachwelt hinterlassen wollte. Jedenfalls bin ich wirklich ganz ordentlich in den Kaufhof hineingegangen. Ich fand auch zielsicher und prompt den Foto-Abholdienst. Nicht gesehen habe ich: einen Haufen Leute, die sich nach mir umsahen und umdrehten. Erst als auch der Foto-Abholdienst-Mensch mich seltsam ansah, merkte ich, daß was nicht stimmte. Ich schaute an mir herunter und entdeckte in meinen Händen ein Tablett, einen Teller mit einem angefressenen Kuchen, halb ausgetrunkenen Kaffee, Löffelchen und Kuchengabel.

Du bist geistesabwesend, sagen die Leute. Du bist zerstreut, sagen sie. Sie hat wieder ihren Schlafzimmerblick. Sie ist in den Hollen. Sie träumt mit offenen Augen. Sie guckt in die andere Woche. Sie ist mondsüchtig. Und dann schubsen sie mich.

Ich bin aber wirklich mondsüchtig. Jedenfalls als Kind war ich mondsüchtig. Ich wandelte und wandelte ganze Nächte vor mich hin, bis mich jemand auffing und sachte ins Bett zurückführte. Ich tauchte überall auf. In den Zimmern meiner Brüder, bei meiner Großmutter und bei Großvater, ich stand im Bad oder im Kartoffelkeller. Sie fragten nach meinem Namen und ich sagte ihn. Sie fragten mich Dinge, nach der Schule, nach meinem Geburtstag. Ich antwortete brav, mit offenen Augen, alles verkehrt, ich behauptete, die Schule beginne um elf oder dergleichen. Wenn ich am Morgen erwachte, wußte ich nichts mehr. Aber sobald der nächste Mond am Himmel stand, ging ich wieder nachts meiner Wege, erschien im Schlafzimmer meiner Großeltern und durchwühlte ihre Kleiderschränke.

– Was suchst du denn? fragte meine Oma Appolonia.
– Einen Flaschenöffner, sagte ich.

Einmal war es ihnen zuviel, und sie klatschten mir einen nassen Schwamm ins Gesicht. Es war ein ganz und gar schreckliches Erwachen, das schlimmste meiner Erwachen bei allen Wanderungen von einer Welt in die andere. Ich weiß, daß es plötzlich von irgendwoher hell schummerte, und ich erkannte keine Umrisse, wie bei einer Vollnarkose in einem Operationssaal, ich war nicht imstande, umzusetzen, was ich sah: Badezimmerkacheln, die Wanne, meinen Vater. Ich erkannte einfach nichts, mir war alles fremd und es sah beschissen aus, eine ekelhafte weiße Wand, eine verschwommene Kachelwand in Rosa, alles schief, alles wackelte und verdrehte sich. Alles fremd, alles grell. Es dauerte ewig, bis ich merkte, daß das rote, lange Ding mein Nachthemd war und der dunkelblaue Schattenriß mein Vater und daß dahinter meine Mutter stand, ich kapierte es einfach nicht. Ich hörte meine Eltern flüstern, daß sie das doch nicht hätten machen sollen, mich mit dem Schwamm wecken und daß das doch brutal gewesen sei. Den Schwamm hatte ich gar nicht bemerkt.

Jedenfalls war mir so unheimlich, daß ich brüllte. Wo ich herkam, daran kann ich mich nicht erinnern. Ich weiß aber, daß mir diese jetzige, unsere Welt, abartig, seltsam und grauenhaft vorkam, nicht etwa die, aus der ich kam. Ich bin auch danach noch fleißig weitergewandelt, wenn Vollmond war. Aber sie ließen mich dann in Ruhe wandeln. Das ging etwa bis zu meinem dreizehnten Lebensjahr, dann blieb ich liegen.

Weiter weiß ich nicht. Ich bin öfter abwesend und eigentlich bin ich jetzt auch abwesend. Mir fällt schon nicht mehr ein, was ich sagen wollte.

ZEIT

Ich quetsche die Minuten wie Zitronen. Wenn ich mich nicht gerade zwanghaft um Leute kümmere, die mich nicht brauchen, bin ich wie rasend dabei, Stunden und Sekunden dickvoll zu besetzen. Carpe diem, hat einer gesagt, mit dem ich mal was hatte. Beute den Tag aus. Das tue ich sogar mit der Nacht.

Es geht morgens früh los. Pendlerzug 7.12 Uhr. Ich gehe durch mehrere Abteile voller Pendler mit Saulaune, auch ich in Saulaune, und überlege: wie müde bin ich? Ist es wichtiger noch eine Schlafstunde dranzuhängen, um bei der Arbeit fit zu sein, oder soll ich weiter die Frankfurter Anthologien lesen? Was ist wichtiger, meine Fitneß oder meine Bildung? Dann erst setze ich mich vorsichtig und überlege noch, daß ich auch, statt zu lesen oder zu schlafen, einen Brief schreiben könnte. Ich lese und schreibe und schlafe vor lauter Lesen und Schreiben sofort ein.

Kurz vor neun Uhr betrete ich den großen Laden, und noch immer kriege ich morgens sowas wie einen freudigen Schreck, weil die Hallen so hoch, so offen und so hell sind. Du siehst oben den Himmel durch eine Glaskuppel hindurch, aber selbst, wenn der Himmel grau ist, scheint es überall hell und licht wie im Frühling. Jedenfalls hänge ich an diesem hohen, offenen Gebäude, es ist genau die Architektur, und es sind die Farben, die gut gegen alte innere Schmerzen sind. Irgendwie fröhlich suche ich meine Abteilung auf und prüfe sorgfältig ihren Zustand. Ich mag diese Abteilung. Es ist die Sportbuchabteilung, und ich habe mein Lebtag noch nicht gerne Sport gemacht. Es geht um die Abteilung als solche.

Aber jetzt kommt das Problem, von dem ich reden will. Ich betrachte die Abteilung, und mir fällt alles gleichzeitig ein, was zu tun ist. Die Dekoration in Ordnung bringen, sie haben die Bücher durcheinandergeschmissen wie die Vandalen. Nein, solange noch keine Kundschaft da ist, prüfe ich erst schnell die Buchlaufkarten, da komme ich besser durch. Es kommt eine große Lieferung, die muß ja auch weg. Ausladen. Dann fällt mir ein, wie das Lager aussieht und daß der Bestand für die Segler rapide abgenommen hat und daß die Bestellung unbedingt heute noch raus muß.

Ich möchte also schaffen. Jedoch, in welche der vielen Möglichkeiten soll ich denn meine Kraft investieren? Genau da hängt das Problem. Völlig gleich, was ich tue und um was es sich handelt. Immer präsentiert sich mir ein ganzer Haufen von Möglichkeiten auf einmal, und jede dieser Möglichkeiten ist reizvoll und gleich wichtig, aber ich darf dann nicht stehenbleiben, weil mir sonst noch zehn weitere Möglichkeiten einfallen, und dann wird es immer bunter. Aber es reicht auch so. Ich sehe nie den breiten Fluß vor mir, von dem ich weiß: auf diesem da könnte ich schwimmen. Er ist geeignet, mich zu tragen, mich zu leiten. Ich sehe immer das ganze Nildelta auf einmal, sage: ooooh, toll!! Und vergesse zu handeln. Ich stehe vor der Fülle meiner Einfälle wie ein Kind vor dem Kirmesstand und soll mich entscheiden für die Plastikpuppe oder für die Tröte. Aber das ist unmöglich. Natürlich, bei der Arbeit, da mache ich dann einfach irgendwas, und ich kriege meine Abteilung schon irgendwie geregelt. Aber dann. Mittagspause. Schon geht es wieder los.

Meine Gedanken springen auf wie ein Fächer, mein

Gehirn entfaltet sich wie ein Akkordeon. Was kann ich alles machen! Ich könnte einfach über die Zeil bummeln. An den Main spazieren. Ich berausche mich an der Vorstellung, eine Stunde lang im Liebfrauenkloster zu sitzen, in dieser einzigartigen Stille, wo nur ab und zu ein Mütterlein hineinkommt oder die drei Penner in der zweiten Bank vor sich hin mummeln. Ich könnte im Kaufhof einen dieser herrlichen Salate essen und eine dumme Frauenzeitung lesen. Oder aber ich schalte besser mal total ab und bleibe im Aufenthaltsraum in innerer Versenkung ruhen.

Was mache ich nur mit dieser wunderbaren Zeit? Ich könnte in den esoterischen Schuppen am Jungfernbrunnen gehen und mich in den Himmelsklängen wiegen und Weihrauch schnuppern und mir einen heilenden Stein kaufen. Allein diese Vorstellungen machen mich ganz und gar unruhig und hungrig. Der ganze Stadtplan von Frankfurt, Wetterberichte, Vorlesungsverzeichnisse, alles geht in meinem Schädel auf und wirbt um meine Gunst, die Einfälle überbieten sich und tanzen vor mir her, und es ist völlig unmöglich, sich für irgend etwas zu entscheiden. Tatsächlich sitze ich auf dem Klo und meine kostbare Mittagszeit droht zu zerrinnen, bis ich plötzlich aufspringe, Richtung Kaufhof renne, stehenbleibe, aufs Liebfrauenkloster zurenne, abbremse, mir am Kiosk schließlich eine Zeitung kaufe und mich mitten auf die Zeil setze.

Enttäuscht. Morgen, sage ich mir. Morgen gehst du Bettwäsche kaufen. Oder mal richtig essen. Außerdem wolltest du dir in der U-Bahn-Station diesen Vitaminstoß gönnen. Und dir im esoterischen Schuppen einen heilenden Stein kaufen. Oder mal ins Filmmuseum springen. In der Paulskirche warst du noch nicht. Es ist Markt am Römer. Ich werde richtige Entspannungsübungen machen in der Kantine. Überhaupt ist völlige Einkehr wichtig in der Mittagspause. Und als erstes sollte ich ja eigentlich auf das Wohnungswesenamt fahren, nicht wahr. Obwohl Entspannung ja wichtiger ist.

Ich komm völlig fertig aus der Pause zurück und sinke erschöpft an meinen Infostand, wo mich sofort ein paar Leute piesacken. Und so bleibt das eben.

Je mehr ich in mich hineinhorche, um zu erkennen, was ich denn *wirklich* will, um so mehr Dinge kommen mir in den Sinn, und ich sitze in einem Spiegellabyrinth, aus dem ich nicht herausfinde und auch gar nicht heraus will, weil alles so schön glitzert.

Wenn eine gute Fee käme und ich dürfte mir etwas wünschen, so wäre das ein Übermaß an Zeit und die Möglichkeit, alles, alles gleichzeitig tun zu dürfen und nicht hintereinander.

Aber die Fee war noch nicht da. Was bleibt, ist die Unruhe in mir und die Kraft, die mich bei aller Zerrissenheit noch immer tausend Dinge tun läßt. Ich spüle um Mitternacht, schreibe im Morgengrauen, palavere, hacke, schippe und fahre. Die Ergebnisse sind allerdings nicht immer berauschend.

Rüpelhafte Menschen in meiner unmittelbaren Umgebung behaupten, ich sei nicht fähig, Wichtiges von Unwichtigem zu unterscheiden. Das ist eine Gemeinheit, weil man damit das ganze Chaos komplett benennen kann, und all meine Erklärungen sind umsonst.

Jawohl, ich finde eben alles wichtig. Ich kann einfach nicht sagen, du bist weniger wert oder dieses ist weniger wert. So kommt man zwar nicht sehr weit, aber dafür ist das Leben bunt. Ich behaupte schließlich nicht, daß ich zur Vernunft eine besondere Berufung hätte.

VERGESSLICHKEIT

Endlich Mittagspause. Grunzend vor Wohlbehagen lasse ich mich im Café an der Hauptwache auf einen Sessel fallen. Jetzt brauche ich zu meinem Glück nur noch eine Frauenzeitschrift mit vielen schönen Bildern und einem schönen blöden Artikel, der mich vergessen läßt, wo ich bin, und den ich jetzt mit der gleichen Ernsthaftigkeit studieren will wie vorhin meine Herbstbestellung. Ich suche meine Brille, aber ich finde sie nicht. Meine Tasche ist ein Container voll von unbrauchbarem Krimskrams. Gut, das macht nichts, ich werde eben ohne Brille lesen. Erst einmal brauche ich einen Kaffee, aber ich finde die Geldbörse nicht, und während ich noch nach der Geldbörse krame, merke ich, daß ich die Frauenzeitschrift vergessen habe. Eigentlich habe ich alles vergessen. Ich überprüfe mein Gehirn und denke: ich bin doch erst dreißig Jahre alt. Aber als ich fünfzehn war, habe ich auch schon immer alles vergessen. Ich habe meinen Turnbeutel in der Schule vergessen, ich habe meine Hausaufgaben vergessen und ich habe die Busfahrkarte vergessen.

Früher, denke ich, früher muß mein Verstand doch mal funktioniert haben. Aber selbst als ich acht Jahre alt war, habe ich schon vergessen, was ich einkaufen sollte. Ich habe vergessen, meine Freundin abzuholen, und ich habe vergessen, den Backofen mit dem Kuchen auszustellen.

Was ich aber nicht vergessen habe: die lange Kette von Vorwürfen, Schelte und Strafen, die meine ganze Vergeßlichkeit begleitet haben.

Im übrigen zeichnet sich eine klare Linie ab: ich vergesse immer nur das Nötigste, das mich in meinem Privatleben am empfindlichsten trifft.

Wenn ich mit der Eisenbahn nach Hause fahre, vergesse ich, daß ich mein Auto an der S-Bahn-Station geparkt habe, und fahre mit der Eisenbahn daran vorbei. Ich vergesse morgens, am Auto das Licht auszumachen, und muß es abends von fremden Menschen anschleppen lassen. Wenn ich eine neue Monatskarte und einen Parkschein gekauft habe, stecke ich die Monatskarte hinter die Windschutzscheibe und fahre mit dem Parkschein Eisenbahn. Ich habe nicht den geringsten Begriff von räumlicher Zuordnung. Ich stecke die Schuhe in den Bettkasten und stopfe die Zeitung in den Schrank. Ich räume Spaghetti in das Badezimmer und lege den Föhn in den Besenschrank. Die Wahrheit ist, daß ich es weder sehe noch irgendwie mitkriege, wenn meine Hände etwas machen. Sie sind während ihrer eigenmächtigen Taten nicht von meinem Verstand begleitet. So befinde ich mich fortwährend im Krieg mit den alltäglichsten Gegenständen, und wenn ich etwas verliere, ist es mit Sicherheit der Kraftfahrzeugschein, das Portemonnaie oder der Autoschlüssel.

Auf dem Fundbüro kennt mich schon jede Aushilfe, und jeder Schaffner geht schmunzelnd und grinsend an mir vorbei und verzichtet aus Gutmütigkeit darauf, meine Fahrkarte zu inspizieren. Ich habe Unmengen von gütigen und hilfsbereiten Menschen kennengelernt, die mich nach Hause gefahren haben, die mir das Auto abgeschleppt haben oder mir dreißig Pfennig für das Telefon geschenkt haben. Und wie viele Leute sind schon meinetwegen auf dem Teppich herumgekrochen, um meine Brille zu suchen! Ich habe also eine umfassende Kenntnis davon, wie gütig die Menschen sind, wenn sie eine wie mich vor sich haben. Eigentlich hat mich noch nie ein Wildfremder hängenlassen.

Ich sitze also hier ohne Kaffee, ohne alles, und ich frage mich, warum, und wieso ich eigentlich schon mein Leben lang immer alles verliere oder vergesse. Ich habe ein Vermögen für Modeschmuck und Haarspangen, für Strümpfe, Socken, Armbanduhren, Portemonnaies ausgegeben, die ich einmal bei mir trug und dann nie wieder sah. Ich frage mich außerdem, wo das ganze Zeug geblieben ist, und in Gedanken ziehe ich eine breite Schleifspur verlorengegangener Gegenstände hinter mir her, eigentlich müßte hinter jedem Grashalm am Wegesrand irgend etwas von mir liegen. Nicht nur, daß ich jeden bereichere, der hinter mir herläuft, ich bringe auch die Wirtschaft mächtig in Gang, weil ich alles doppelt und dreifach kaufe und dadurch zumindest prozentual am ganzen Aufschwung beteiligt bin. Allein, was hätte man mit dem schönen Geld alles machen können? Es würde doch reichen für einen sechswöchigen Urlaub in Kalifornien oder für eine Monatsmiete in einem guten Frankfurter Wohnviertel, und überhaupt, ich hätte das Ganze anlegen können und würde alsbald von den Zinsen leben!

Nur – wieso vergesse ich immer alles. Ist es eine Gehirnstörung? Eine psychosomatische Reaktion vielleicht?

Aber worauf? In meinen Therapien habe ich alles aufge-
arbeitet, was es überhaupt nur gab, und dann habe ich
mich verabschiedet und bin mit vielen Worten davonge-
gangen und habe meine Handtasche im Wartezimmer
liegenlassen.

Früher glaubte ich, eine Schlampe zu sein. Ich wußte
nicht genau, was das war, auf jeden Fall verlor man eine
Menge Sachen dabei. Zum Geburtstag bekam ich das
Buch «Katrinchen – Schlampinchen» geschenkt, wo das
Katrinchen einen Vogel hatte, der immer «Katrinchen-
Schlampinchen» rief. Katrinchen vergaß den Vogel zu füt-
tern, so daß er auf einmal tot im Käfig lag.

Mein Lehrer nannte mich Schussel. Das habe ich nicht
vergessen. Ich stellte mir dabei eine seltsam gezeichnete
Frau aus dem Märchenbuch vor, deren Kopf sich in der
Zeichnung durch viele wilde Federstriche auflöst. Das war
ich. Ich rannte also mit meinem aufgelösten Kopf in den
Klassenräumen umher und suchte mal die Handschuhe,
mal den Schal, mal das Beutelchen mit den drei Groschen
für den Kaba-Automaten.

Gertrud aus dem Konsum nannte mich «zerstreuter
Professor». Das fand ich irgendwie besser. Es bedeutete,
daß meine Vergeßlichkeit nicht nur und ausschließlich ein
Produkt meines schwachen Geistes war, sondern daß es
noch andere Erklärungsmöglichkeiten für diese Fehlschal-
tung gab. Deshalb mochte ich Gertrud. Außerdem wußte
sie immer, was bei uns daheim fehlte, und gab mir zielsicher Brot, Zucker oder Eier mit. Sie bewahrte mich
davor, zu Hause gestehen zu müssen, schon wieder was
vergessen zu haben.

Wenn ich heute durchs Dorf gehe, sagen die Leute zu

mir: – Hör zu, sei doch froh, daß du da unten die Wohnung vom Alfred nicht gekriegt hast. Dem muß man immer 10 DM bezahlen, wenn man den Hof nicht gekehrt hat oder zu früh den Rasen mäht oder so was: und du vergißt doch immer alles!

Schon als Kind hatte ich den heimlichen Wunsch, meine elende Schlamperei eines Tages zu besiegen. Mein erstes Buch hatte ich mir heimlich an der Tankstelle von meinem Spargeld gekauft, und ich hatte furchtbare Angst, daß Christel von der Tankstelle merkt, daß ich mir das Buch heimlich kaufte. Jedenfalls hieß das Buch: «Die Struwwelliese». Ich versteckte es jahrelang und las es eintausendsiebenhundertachtundzwanzigmal. Noch heute ist mir jede Bettfeder einzeln in Erinnerung, die bei Struwwellieses Schneefahrtsstreich im Zimmer herumtanzten, das Muster von ihrem Strickpullover könnte ich in Farben auswendig hier hinmalen. Und unvergeßlich für alle Zeiten werden mir jene letzten Zeilen sein, wo Liese mit der weißen Schürze auf dem roten Kleid, mit den weißen Söckchen und den braunen Schuhen mit der Mieze neben den Beinen, auf dem Gras stand, frisch frisiert mit glänzenden frischen Wangen, denen man auf dem Papier ansah, daß sie frisch gewaschen waren:

– Pünktlich, fleißig, gut und lieb
immer so nun Lieschen blieb.

Ich faßte feste Pläne, um mein Gehirn zu trimmen und dem Übel abzuhelfen: ich führte Listen und Ringbücher und schrieb mir von morgens: Wecker aushauen, bis abends: Licht ausmachen, alles auf. Mit fünfzehn hatte ich den perfekten Plan, und ich war überglücklich, ihn auszuarbeiten und zu beherrschen. Auf einem überdimensionalen Zeichenblatt hatte ich die nächste Woche mit Linealen in vielen Farben vorgemalt. Ich kreuzte in der Zeitung die Fernsehsendungen an, die ich sehen wollte, und es war immer eine dabei für die Schule und eine fürs Vergnügen. Gymnastik, Fahrradfahren, Lernstunden, Obstessen, alles, alles schrieb ich auf. Nach Jahren qualvoller Schlamperei sollte mein Leben ein für allemal geregelt sein. Ich machte also diesen großen Wochenplan, und alles klappte bis Mittwoch großartig: ich hatte alle Hausaufgaben! Ich hatte jeden Morgen den Bus pünktlich erreicht! Ich hatte alle Schulbücher dabei! Ich hatte etwas zu essen eingesteckt! Ich hatte mußevolle Kaffeestunden und fleißige Lernstunden. Oh, war ich glücklich! Am Mittwoch habe ich dann den Plan verloren.

Mit Hilfe der «Kraftzentrale Unterbewußtsein» von Eberhard E. Freitag, glaubte ich, die Lösung gefunden zu haben! Man sollte da etwas auf einen Zettel schreiben, und weil ich immer alles verliere, schrieb ich ganz viele Zettel voll. Positiv klingende Affirmationen sollte man sich tagaus – tagein vorsagen von morgens bis abends. Ich erfand mir: Alles bleibt in meiner Hand: ich bin sicher, flink, gewandt! Oder so ähnlich. Das habe ich mir ununterbrochen in der Badewanne, bei Sonnenaufgang, bei Schritt und Tritt vorgesagt und gehofft, daß es tief in mein Unterbewußtsein dringen und sich dort verselbständigen würde. Hat es aber nicht. Mein Unterbewußtsein wies derlei Inhalt, ob in Prosa oder Lyrik, strikt ab. Und was überhaupt aus dem ganzen geworden ist, habe ich sowieso vergessen.

Ich gehe also an meinen Arbeitsplatz zurück, und meine

93

Kollegen begrüßen mich liebevoll grinsend mit einem: «Na? Hast du was vergessen?» Ich grinse auch, hole Geld, Brille und Zeitung aus meiner Schublade und gehe aufs neue.

Solche Sachen regen mich lange schon nicht mehr auf. Man gewöhnt sich an alles: kürzere Pausen, weniger Geld, weniger Freizeit, mehr Laufereien, mehr Wartezeiten, mehr Behördengänge, mehr Telefonate. Echt. Man gewöhnt sich an alles. Und seit ich mich gewöhnt habe, vergesse ich zwar nicht einen Fingerring weniger, aber es macht mir nichts mehr aus! Ätsch! Von wegen, nach Hause gehen und heulen! Das mache ich nie wieder. Nie wieder! Souverän, kalt lächelnd begegne ich meiner alltäglichen Pannenpracht, und tollkühn sage ich: Ich, Master of the Universe, sage zu dir, versammelte Pannenschar: *Mir doch egal*. Ihr kriegt mich nicht mehr klein. Ihr seid keine Katastrophen! Fortwährend seid ihr für mich nichts weiter als unwürdige Ausfälle! I Am The God of Hell Fire and King of Ignorance gegenüber meinen unzurechnungsfähigen, geistesabwesenden und gemeinschädlichen Handlungen in Vergangenheit, Gegenwart und Zukunft.

Also, ich verliere zwar nach wie vor alles, aber ich bin nicht unglücklich, und wenn es mir erst einmal gelingt, ein Vermögen von, sagen wir mal, hunderttausend Mark einfach so in den Main zu pfeffern, weil ich wieder nicht weiß, was ich tue, das wäre vielleicht ein Glück!

UNRAST

Ich habe mir fest vorgenommen, meine überfällige Korrespondenz zu erledigen, sonst komme ich wirklich in Schwierigkeiten. Ich soll irgendeinem Amt nachweisen, daß ich im Jahre 1992 berechtigt war, als alleinerziehende Mutter das Kindergeld zu bekommen.

Dann scheitert die Korrespondenz daran, daß ich meine Lohnsteuerkarte 1992 nicht finde. Ich wühle in sämtlichen Kisten mit dem Gerümpel aus den Wirrnissen vergangener Lebensumstände und kann doch dieses Scheißding nicht finden. Dabei gerate ich in sinnlose Wut darüber, warum einen die Behörden so piesacken müssen und weshalb es überhaupt Gesetze gibt, die einem Geld zugestehen, das man doch nicht bekommt, weil man vor dem schikanösen Papierkram irgendwann kapituliert.

Dann setze ich mich hin und frage mich gründlich auf Ehr und Gewissen, ob ich das alles gerecht beurteile. Plötzlich überfallen mich Schuldgefühle, und ich denke, daß ich doch ganz schön schlampig bin, und ob ich es den Behörden, die mir helfen wollten, nicht auch schwer gemacht habe, mit meinem Durcheinander. Ich meine . . . wenn ich nicht mal imstande bin, beispielsweise meine Lohnsteuerkarte ordentlich zu deponieren? Obwohl, ich hatte sie ja absolut sicher an einen Ort gelegt, ich weiß es genau, extra in bezug auf meine Schlampigkeit, hatte ich sie absichtlich ganz besonders versteckt . . . wenn ich doch nur noch wüßte, wo.

Ich sehe in den Wäscheschrank mit den Kostümen von Fastnacht und Flohmarkt, von Theaterstücken und von verstorbener Verwandtschaft. Ich spiele demnächst in einer Komödie das Dienstmädchen Fanny Quirl. Es muß doch irgendwo in dem Schrank noch eine ausgeschnittene, weiße Bluse sein. Oder ein Mieder! Ich brauche auch einen bauschigen Unterrock! Ich wühle und wühle und berausche mich an der Unterwäsche und dem Glitzerkram, und da fällt mir Michael Altmann ein: *Michael Altmann!* Wo die Adresse unserer Provinzbretterbühne aus Versehen in ein großes Berliner Theater geraten war und sie uns angeschrieben hatten, ob der Schauspieler Michael Altmann auf seiner Tournee bei uns gastieren dürfe.

Unsere Provinzbretter waren noch neu, und wir waren sehr stolz darauf, und großzügig und geehrt sagten wir: klar, darf er. Da kam der große Michael Altmann in unser Dorf und wir hatten doch keinen Begriff davon, wie groß er war. Er war sehr verdutzt, als wir ihm sagten, daß er hier im Wirtshaus spielen müßte. Dann hängte er sein schwarzes Tuch ins Wirtshaus, versenkte sich in seine Samuel-Beckett-Rolle und spielte «Das letzte Band» vor der Feuerwehr und dem Fußballverein. Dem Dorf hat es nicht so gut gefallen, weil Altmann beim Spielen eine ausgelutschte Banane an die Wirtshauswand gespuckt hat und tat, als ob er masturbierte. Aber Altmann hat sich so wohl gefühlt, daß er uns noch oft geschrieben hat.

Ich muß an Altmann unbedingt zurückschreiben!

Wo ist das Papier? Wenn ich schon Briefpapier nehme, dann kommt doch nur das erdfarbene Papier in Frage. Ich wühle in allen möglichen Kisten, finde es nicht, aber unsereiner ist ja gut im Improvisieren, also nehme ich eben dieses Papier hier. Jetzt aber muß wenigstens die kalligraphische Feder her! Wo ist sie? Weil ich nicht mehr wühlen will, denke ich scharf nach. Sie muß sich in der

Kiste von Lebensabschnitt: Heidelberg-nach-Abbruch-des-Studiums befinden. Ich stürze mich auf die Kiste und frage mich oberflächlich, warum ich eigentlich immer so ein Durcheinander in meinem Zimmer habe. Mein Zimmer gleicht im Moment der Behausung von Maud in «Harold and Maud». Aber da ist ja meine *Wahrsagekugel!* Ich bin hingerissen! Meine kostbare, einzigartige Zauberkugel, so rund und schön und geheimnisvoll, wie konnte ich sie denn nur in dieser häßlichen Kiste lassen, monatelang! Vorsichtig hebe ich sie auf, reibe sie zärtlich mit dem Handtuch blank und lege sie auf das dunkelblaue Seidenkissen. Liebevoll blicke ich in die Kugel hinein. Ich habe in dieser Kugel noch niemals irgend etwas gesehen. Aber sie ist schön, nicht wahr? Man kann sie auch stundenlang anschauen, um ihre Schönheit zu bewundern, da braucht man keine Zukunft. Da steigen immerhin Gedanken in mir auf, die ich behalten wollte. So kritzelte ich diese Gedanken auf die Rückseite vom Verpackungsmüll-Haarfestiger-Pappendeckel und nehme mir vor, sie gut aufzuheben, falls ich mal irgendwann etwas schreibe, wo diese Gedanken hineinpassen. Ich werfe den Pappendeckel in meine völlig überfüllte Schreibtischschublade.

Es geht gegen Mitternacht und ich berste vor Kraft und Tatendrang. Was tue ich mit dieser Nacht? Ich denke nicht an morgen früh. Ich gerate vor den Fernseher. Entwerfe daneben einen Gestaltungsplan für mein Zimmer, das ich gerne blau und gelb streichen will. Blau wie der Himmel und gelb wie die Sonne. Ich könnte eine Gartenbank blau malen, blaue Stühle habe ich schon. Ich zeichne alles auf und bin froh. Am liebsten würde ich spazierengehen, die Nachtluft riecht jetzt am besten, es zieht mich nach oben, es zieht mich hinaus, es zieht mich nach hinten und es zieht mich in die Stadt, ich rumpelstilze herum und habe keine Ruhe. Ich kann doch diesen Tag nicht einfach abbrechen! Ich kann einfach nicht. Aber ich muß. Wegen morgen. Ich lege mich hin und lese und lese und lese und ich werde immer wacher. Wie ich dann einschlafe, weiß ich nicht mehr, oder sagen wir mal, es hat ja jetzt jeder verstanden, worum es geht.

Am Morgen drehe und wende ich den Wecker bis 6.15 Uhr und krieche völlig verstört und gequält ins Auto, um nach Frankfurt zu fahren. Ich schimpfe mich in den Erdboden hinein und traktiere mich mit übelsten Selbstanklagen und verbringe bleich und krank diesen Tag.

Eine Woche später öffne ich den Briefkasten und finde ein Schreiben darin mit einem rechtskräftigen Urteil, das besagt, aufgrund meiner mangelnden Mitarbeit und mangels Nachweis meiner Berechtigung für den Kindergeldzuschuß im Jahre 1992 müsse ich den gesamten Jahresbetrag zurückzahlen, und zwar bis zum 15. 9. 1993.

Da bin ich furchtbar geknickt.

SCHLIMMES

Ich verbringe ganze Tage in der Annahme, daß Gott und die Welt mir Böses wollen. Ich verbringe sie auch in der Annahme, daß ich selbst Gott und der Welt etwas Furchtbares angetan habe. Ich meine, das könnte ja sein. Schon wenn ich die Augen öffne, geht es los. Schon der erste Moment beim Wachwerden ist begleitet von dem jähen

Schreck in Mark und Bein, ich hätte etwas Schlimmes getan. Ich habe etwas Schlimmes, nicht Wiedergutzumachendes, etwas ganz Furchtbares getan. Was das sein könnte, das findet sich schon irgendwie.

Wenn ich es aber nicht finde. Wenn ich gar nicht finde, was ich getan habe oder versäumt, dann bleibe ich vor der Übermacht dessen, was es sein könnte, liegen, als sei ich ein Flusenhaufen und im Bett mit der Matratzenfüllung vermischt.

Ich stehe morgens nicht auf wie Phönix aus der Asche. Ich winde und wurme mich aus den Laken und alles funktioniert nicht. Mein Verstand versucht auch nicht, klärende Worte für meine Verfassung zu finden. Ich bin niedergewalzt von der Erkenntnis, daß ich ein Versager bin. Fertig.

Ich kann davon ausgehen, daß die Butter ranzig ist oder aus Versehen tiefgefroren. Daß ich nicht imstande bin, ein Messer aus der Schublade zu nehmen und Löffel und Kaffeetasse zusammenzubringen. Ich stopfe einen Zwieback von meiner Grippe im letzten Winter in mich hinein.

Aber der Höhepunkt des Tages kommt ja noch. Ich verlasse mein Zimmer, gehe die Treppe hinunter und lande vor dem Briefkasten. Der Briefkasten ist ein Horrorkasten. Jeden Morgen das gleiche. Ich starre in völliger Lähmung auf das ätzende, blecherne Ding, und die Minuten vergehen, und ich denke nichts, und ich tue nichts, und ich bin erstarrt, und nichts passiert. In dem Briefkasten. Was Schlimmes. Was ganz Schlimmes. Wenn doch bloß nicht. Und wer. Ganze Keulengeschwader gehen auf mich nieder. Was habe ich bloß schon wieder getan. Da drinnen ist das und da steht es. Schreckliche Strafen. Ich brauche bloß aufzumachen. Es erwartet mich. Wenn ich nicht aufmache, dann holt es mich ein auf dem Weg zur Arbeit, oder ein Gerichtsdiener kommt oder sonst ein strenger Mann.

Ich ziehe mein Schlüsselchen und drehe um, und die Klappe geht auf, und alles fällt mir entgegen. So viele. Wenn es nur Werbung wäre. Ich versuche in blitzschnellen Augenblicken auf die Absender zu schielen, woher das Unglück kommt, von wem. Eine Handschrift. Oh, eine Freundin, die ich vergessen habe! Wollte ich ihr nicht schon lange schreiben? Ich habe eine Freundin vergessen, wie konnte ich nur! Sie wird mich beschimpfen, ich bin überzeugt, es ist ein langer Brief von Vorhaltungen und Kränkung, ich wußte es, ich wußte es doch. Das Ordnungsamt. Habe ich was gemacht? Ich bin in Panik. Stopfe den Brief sofort in die Jackentasche. Was noch. Die Versicherung. Da kann man nicht viel falsch machen, der Umschlag ist nicht bedrohlich, da bin ich noch mal mit einem blauen Auge davongekommen. Da ein Brief von Sieglinde. Der ist nett geschrieben, das weiß ich, aber das heißt, ich muß wieder einen langen Brief zurückschreiben, und die Last liegt schwer auf mir, ab sofort bin ich wieder im Hintertreffen.

Der Briefkasten ist ein Unglückskasten. Immer. Wie kann man sich davor retten, ewig erreicht und aufgefunden zu werden und somit ausgeliefert zu sein, allem und allen? Ich habe ein schwerwiegendes Gefühl von Schuld, und ungeöffnet wiegen die Briefe, als seien sie aus Blei. Ich werde die Briefe heute abend öffnen.

Ich bin etwas zu spät bei der Arbeit. Ich bin überzeugt, daß Maria und Silvia sauer sind, weil sie schon angefangen haben, zu arbeiten. Ich schäme mich, weil ich nicht fit aussehe, sondern weiß und krank und ungeschminkt. Räume pflichtschuldig eine ganze Wagenladung Bücher aus und vertiefe mich in die Buchlaufkarten. Ich schäme mich für alles, was ich habe und was ich bin. Meine Kraft ist zu Ende. Ich wende mich nur noch den Büchern zu. Ich habe es nicht anders erwartet. Beim Aufwachen habe ich es ja schon begriffen. Das Gefühl von Schuld verbraucht sich nur allmählich, wie ein schwerer Kater, der bis nachmittags in den Knochen hängt. Da, ein aufmüpfiger Gedanke: Was tue ich mir eigentlich an? Ich ramponiere mich mit einer Gewalt, die ihresgleichen sucht. Habe ich einen ermordet? Habe ich die Firma ruiniert? Wie heißt denn das ungeheure Verbrechen, das ich begangen habe? Gegen wie viele Paragraphen des Strafgesetzbuches habe ich denn verstoßen? Wo sind denn all die Leichen an meinem Wegesrand? Ich könnte mich geißeln, prügeln und schlagen. Soll ich ein Büßergewand anziehen und auf Knien nach Lourdes rutschen? Mir die Haut abziehen? Mich mit der Kettensäge in Einzelteile zerlegen?

Ich bin in heilloser Unordnung. Ich fürchte mich vor jedem Kollegen, der vorübergeht, vor jeder Bemerkung, die er mir zuwirft. Bloß keine Menschen. Menschen sind Träger des Übels. Und sie wollen mir etwas Böses, nur sagen sie es nicht laut, sie verschweigen es und tragen es mit sich rum. Ich bin völlig nackt und tue so, als sei ich angezogen. Großer Gott, warum bin ich nur so bekloppt?

Was haben sie denn eigentlich zu mir gesagt? Guten Morgen und so. Einer hat *gar nichts* gesagt! Einer hat irgendwas von meinen Haaren gesagt? Was ist mit meinen Haaren? Meine Haare! Meine Haare?!? Ich glaube, ich mache krank. Ich bin so nicht zu gebrauchen. Gleich werde ich sagen, sie gehören alle einer geheimen Verschwörung an und der Ku-Klux-Klan ist auf mich angesetzt und die Mafia ist auch schon unterwegs. Dabei tue ich immer so fröhlich und hallo allerseits. Es hat keinen Zweck. Ich komme da nicht raus. Ich werde für morgen mittag meine Hinrichtung beantragen.

Nein, ich bin nicht traurig, Traurigkeit würde ich begrüßen, denn sie ist ein echtes Gefühl und würde mich wärmen, aber ich bin in dieser komischen Abwesenheit meiner selbst von mir selbst. Es spukt, ich bin noch nicht frei, ich bewege mich wie eine Spinne in einer Welt, wo nicht Tag ist. Aber so kann ich nicht leben. Ich kann das nicht aushalten, bis dann, wenn ich wieder normal bin. Ich versuche, mich in der Arbeit zu fangen. Setze mich auf den Stuhl. Lege die Finger auf den Karteikasten, und das Wasser steigt mir an den Rand, und ich sehe nichts mehr. Dann nehme ich irgendwie Gisela wahr, ich glaube, sie spricht zu mir. Sie beugt ihren Kopf über den Tresen und fragt mit mütterlicher Stimme, ganz warm, ganz zart:

Na, du Gänseblümchen, was ist denn? Wie geht's dir denn, du armer Wurm?

Ich gucke ihr ins Gesicht und sehe die Sonne am Firmament. Ich kann es gar nicht fassen. Schlucke heftig.

Och. Weiß ich auch nicht. Bin wohl mit 'm falschen Fuß aufgestanden. Irgendwie war ich nicht gut drauf, heute. Giselas Stimme ist mir in alle Knochen gegangen und hat mildtätig den Schleier zerfetzt. Ich sehe auf einmal alle Farben wieder und alles glasklar. Sie hat mich mit einem einzigen Wort entschädigt für den gesamten beschissenen Morgen. Ich bin dermaßen erleichtert, daß ich es gar nicht

glauben kann. Gisela hat in mir einen Kanaldeckel aufge-
rissen und nun gehen die Schleusen auf. Ich bin nicht mehr
Hide, ich bin wieder Dr. Jeckyl. Morning has broken. Mir
tut noch alles weh, aber ich bin so unendlich dankbar, daß
Gisela mich exhumiert hat und dem Leben und der
Menschheit wiedergegeben, daß ich meine Wiedergeburt
mit einem Geschenk beginnen will.

Ich gehe runter ins Bistro und schleppe ein Tablett voll
Kakao und Kaffee herbei, und wir machen Pause und
süffeln und wir nippen und legen die Füße hoch und quas-
seln dummes Zeug.

Wieso ich manchmal aufwache und glaube, ich hätte etwas
grauenhaft Schlimmes begangen, weiß ich auch nicht. Ich
kriege es nicht raus. Jedenfalls geht es vorbei – und zwar
wenn einer irgendwas zu mir sagt. Es liegt im Wort. Das
Wort kommt – dann hört der ganze Zirkus auf.

HOFFEN

Ich wage nicht zu hoffen. Ich kann gar nicht immer hoffen. Aber manchmal kommt die Hoffnung zu mir, weil sie es leid ist, und schmuggelt sich ganz dünn und fadenscheinig unter meine Gedanken. Wo ich sie nicht so schnell wieder fortstoßen kann. Dann blühte mir das:

Der wunderbare Mann, ach nein, so wunderbar ist er nun auch wieder nicht. Dieser zähe Knochen, der mir so weh getan hat, gab mir das kleine, knisternde Päckchen und sagte:

Wenn sie noch einmal so über ihn denkt, dann sag ihr, daß er sie sehr liebt.

Ich stieg in den Zug und suchte hektisch mit Sack und Pack das stinkendste Raucherabteil auf, und wie Menschen am Zugfenster verschwinden, so verschwand auch er mit fragendem Gesicht, und ich fragte auch durch das Fenster hindurch, und dann sahen wir uns nicht mehr. Zwischen einem ächzenden, einem stöhnenden, einem rülpsenden und einem furzenden Menschen lasse ich mich schließlich nieder und wickele scheu das Päckchen aus. Es ist eine Handvoll winziger, weißer Glöckchen, die um kaum sichtbare Stengel herumzittern, und sie vibrieren in meiner Hand wie ein erschüttertes Elfenvolk, dicht und weiß und ruhelos. Panikartig stemme ich mich aus den qualmenden und grunzenden Menschen hoch und renne auf das bepinkelte, säuische Klo und lasse das Wasser laufen. Aus Papierhandtüchern bastele ich eine Tränke für die Blümchen, damit sie nicht verkommen. Ängstlich halte ich sie den ganzen, langen Weg hoch. Jeder Pesthauch dieser Schnarcher könnte ihr Tod sein.

Dann bin ich da. Am Bahnsteig steht Schloß, meine Schloß. Ich werde ihr von den Stufen herunter sofort in die Arme stürzen. Das sind die schönsten Erfahrungen meines Lebens. Wenn ich sage:

Kannst du mich holen? Und eine sagt: Ich komme.

Schloß hat ihren mächtigen, blonden Wollschopf, Wollzopf hochgebunden und grinst. Hier, ich habe dir ein Butterbrot gemacht.

Im Auto halte ich in der einen Hand das Butterbrot und in der anderen die Maiglöckchen. Das nämlich, das ist die Hoffnung! Behutsam wickele ich die schönen, weißen Elfchen aus. Was hast du denn da?! Oh, das sind ja Maiglöckchen!

Beide versenken wir unsere Nasen tief in die Blütenkelche hinein, und der zarte Duft jubelt uns in die höchsten Frühlingsgefühle hinein. Vielleicht wird es ja nun auch wirklich warm, und die Sonne kommt. Schloß fährt mich über Stock und Stein, und dann kommen wir endlich heim. Schon wieder dieses Dorf. Ich werde es mein Lebtag nicht los. Sommernooscht en Bloiteduft, Zauber wie im Märchen, überall riecht es nach Brennesseln. Wir fahren in die Wirtschaft. Die alten Kerle von eh und jeh.

– Ich gebe einen aus.

– Nein! *Ich* gebe einen aus.

Heute gibt Daniels Klaus selbst einen aus.

Ich habe rote Wangen, weil ich mit einem Maiglöck-
chenstrauß hereinkomme.

– Kann ich ein Glas Wasser haben?

Willy beugt sich fasziniert über das aufgeregte Weiß in
meiner Hand.

– Wo hast du *diieee* denn her?

Ja, wo habe ich *diieee* denn her!

Margit, Eberhard, Rainer, alle beugen sich über Schloß
hinweg und betrachten hingerissen die himmlischen
Glöcklein. Ich sage keinem Menschen, woher ich die
Blümlein habe, und umklammere die Stielchen. Ich be-
komme das Wasser, stelle sie hinein und trage sie zum
Fenster, damit sie in all den Rauchschwaden und dem
Lärm nicht sterben, und dann gehe ich nach jedem Pils
hin, um sie zu besuchen.

Unser Schreiner hat heimlich geheiratet, ist das denn die
Möglichkeit. Martina war nämlich schwanger geworden,
aber umsonst. Vor der heimlichen Hochzeit hat sie doch
Blutungen gekriegt und mußte zum Arzt. Es half nichts,
hat der Schreiner gesagt, mit der Frucht war einfach nichts
mehr, in der Frucht war einfach kein Muster mehr. Zum
Trost haben sie dann trotzdem geheiratet. Der Schreiner.
Der Schreiner hat ja auch den Sarg zum Hennegickels
August gebracht, dabei war ja der Hennegickels August
gar nicht gestorben. Sondern der Müllerkorls Sepp, der
war doch gestorben. Und wie der Schreiner mit dem Sarg
zum Hennegickels August gekommen ist, hat ihm der
August die Tür aufgemacht, und da ist der Schreiner bald
gestorben. Und dann wäre beinahe der August gestorben,
weil der Schreiner mit dem Sarg vor der Tür stand.

Ich halte die Trennung von den Maiglöckchen nicht

mehr aus. Ich stelle sie vor mich auf die Theke und bewache sie und stecke ununterbrochen mein Gesicht hinein und trinke Pils und rieche den Maiglöckchenduft, der mich erhebt über diese Welt. Boris kommt. Dieser kluge, junge Mensch, der mir jetzt nach dem dritten Bier erzählt, daß er einen Comic gezeichnet hat, also, daß er jetzt fertig ist, und daß er ihn mal zeigen will. Er entdeckt die Maiglöckchen, kann sich nicht bremsen und tunkt seinen Rüssel hinein, und dann muß auf einmal jeder seine Nase hineintauchen, und wir umkreisen und umstellen das weiße Gebinde und starren seufzend hinein. Ich bin die Besitzerin der Glöckchen und halte sie stolz auf meinem Schoß, aber ich bin mitfühlend mit den anderen, weil doch die weißen Sprenkel das Glück sind und die Hoffnung, wie jeder gleich merkt.

Wer fertig ist, kann gehen. Wer voll ist, darf heim.

Jetzt sind schon viele voll und fertig und daheim. Schloß und ich und Boris, Willi, Peter Hauer und Jutta und Klaus hinter der Theke halten uns ehern fest. Sterztrunken sind wir, aber wir gehen noch nicht, wir gehen noch lang nicht heim. Klaus erklärt auf einmal, daß er demnächst Cocktails mixen will, und zwar so. Hier. Probier den mal. Schmeckt phantastisch. Klaus vergißt, daß er der Wirt ist, und gibt uns jetzt alles umsonst. Rote und grüne und leuchtende und matte, der da ist mit Whisky und der da mit Baccardi. Boris ist hypnotisiert von den Maiglöckchen. Endlich fragt er schüchtern:

– Du, darf ich eines haben?

– Ich auch! haucht Schloß.

Es fällt mir schwer, auch nur ein einziges dieser Glöckchen herzugeben. Aber weil sie doch das Glück sind und wir es alle so nötig haben, ziehe ich drei Stengelchen heraus und gebe Boris zwei und Schloß eines. Das finde ich aber dann sehr schäbig von mir, und ich gebe Boris noch eines und Schloß zwei. Dann sehe ich die anderen um die Theke herum, und weil doch die Welt ein Sauhaufen ist und der Mensch ein Elend, gebe ich jedem noch ein Maiglöckchen, und auch dem schlafenden Willy an der Theke stopfe ich noch mit Gewalt ein Stielchen in die Faust hinein.

Der Morgen kommt.

Überwältigt von der Liebe der Trunkenen und davon, daß wir es sind, wanken wir hinaus in Sommernooscht und Bloiteduft, wanken noch ein wenig zusammen und schludern dann heim. Wenige Maiglöckchen sind mir geblieben. Ich trauere den vergebenen Stengeln maßlos hinterher. Diese aber will ich behalten. Für immer. Ich bollere daheim die Treppen hinauf, hole mir ein Väschen mit Wasser und stelle mir die ärmlichen Engelchen-Stengelchen direkt vors Bett.

Als ich am nächsten Morgen mit schweren Schmerzen im Kopf erwache, versuche, meinen Verstand zu finden, und ein Bein aus meinem Bett herauslasse, da tritt doch mein Fuß eindeutig in eine Wasserlache. Zu Tode erschrocken hebe ich mich hoch und sehe die Bescherung.

Ich habe heute nacht das Väschen umgetreten. Einfach umgenietet. Wahrscheinlich war ich auf dem Klo. Die Maiglöckchen sind hinüber. Für alle Zeiten. Sie liegen in einem Scherbenhaufen. Ich kann nicht mehr. Ich bin noch zerstörter als die Blümchen auf der Erde. Meine Maiglöckchen. Nichts, aber auch gar nichts kann man halten. Das Leben ist doch ein einziger Trauerfall.

Als ich gerufen werde, höre ich nicht mal zu.

– Mensch, jetzt steh doch mal auf!!

Es ist der Schrei der Mutter.

– Mensch, jetzt geh doch mal da dran, es ist doch für dich!

Was? Telefon oder was. Ich krieche die Treppen hinunter mit schleifendem Nachthemd.

– Jaa? krähe ich.

Es ist der wunderbare Mensch. O mein Gott. Ich befinde mich weder akustisch noch geistig in einem einigermaßen präsentablen Zustand. Wie um Himmels willen soll ich ihm erklären, daß ich seine Maiglöckchen heute nacht an Bedürftige und Betrunkene verschenkt habe und den Rest mit bloßem Fuße zermalmt?

Ich habe den wunderbaren Menschen wiedergesehen. Ich sehe ihn noch heute. Das verstehe ich nicht. Ich weiß wirklich nicht, wie das geht, wenn man sich etwas wünscht, was üblicherweise nicht eintrifft, wenn du selbst die Hoffnung zerstörst und es dann trotzdem so kommen kann, wie du es gewünscht hast.

WEISE

Ob ich nun weise bin oder nicht, ich tue jedenfalls oft so als ob. Das mache ich mir zum Vorwurf. Es wäre besser, zu bekennen, daß ich lerne und suche. Oder mich auf das Lernen und Suchen zu konzentrieren. Ich aber tue dauernd so, als sei mir der Sinn der Dinge schon früh klargeworden, als sähe ich hinter den täglichen Gegebenheiten, was dem zugrunde liegt und wofür es steht. Ich übersetze dauernd der dummen Welt, weshalb ihr was passiert. Ich habe die Weisheit mit Löffeln gefressen. Zu allem gebe ich meinen Kommentar. Das geht mir auf die Nerven. Statt den Mund zu halten. Statt zu fragen. In meinen Sternstunden fange ich auch noch an zu prophezeien. Kann ich alles. Kriege ich locker hin. Was ich alles kann! Ich kann in die Zukunft sehen, ich kann metaphysische Zusammenhänge erklären, ich kann mit dem Hund spazierengehen, ich kann alles.

Dabei war ich es doch, die unglücklich war.

Ich lag auf dem Teppich und heulte wegen irgendeinem Idioten. Unten machten sie dauernd Krach. Michel von nebenan knallte ständig mit der Tür. Bei jedem Knallen verrutschte mir die Verfassung noch mehr. Schließlich sprang ich auf, riß mir die eigene Tür aus den Angeln, riß dann Michel die Tür aus den Angeln und schrie, wenn er noch einmal mit der Tür knallte, dann würde ich endgültig sterben.

Michel sah mich an und entdeckte die tiefen Rinnen in meinem Gesicht, die sich die Tränen gegraben hatten. Er versprach hoch und heilig, nicht mehr zu knallen. Etwas später stand er wieder in der Tür, in meiner, und sagte:
– Komm doch mit runter. Dort singt Ines, und Peter spielt Klavier. Sie proben. Es ist sonst niemand da.
– Was für eine Ines? fragte ich. Kannte keine Ines.
– Hör sie dir an. Sie singt sehr schön.
Wieso eigentlich nicht? Ich dachte mir, ich könnte doch genauso gut mal öffentlich flennen, und hier in der Wohnung hatte ich auch alles dicke satt. So schlurfte ich in

meiner alten Turnhose von Adidas – ein Geschenk meiner katholischen Verwandschaft – die Treppe hinunter in unsere Kellerbar und legte mich auf einen Stuhl.

Auf der Bühne stand die Frau. Die Frau hatte einen geschorenen Schädel. Die winzigen Härchen, die man noch sah, konnten blond sein oder aschgrau, jedenfalls nicht schwarz, falls sie aus ihr je wieder herauswachsen sollten. Mit ihrem Gesicht und dem Kopf sah sie nach Bert Brecht aus und ihre Stimme klang nach Brecht und tatsächlich sang sie Lieder von Kurt Weill. Hohe Augenbrauen, gute Zähne. Sie sah so echt aus. Wie zwanzigmal durchs Wasser gezogen und alles Falsche fortgespült. Sie trug ein einfaches Hemd. Sie sah aus, wie nach dem Krieg, ein Armutskind nach dem Ersten Weltkrieg, aber noch so frisch, eine Frau, die mit dem falschen Mann geschlafen hatte und der sie jetzt das Fell über die Ohren ziehen wollten.

Sie sang ein Lied vom Entchen Schmackeduzien. Dann ein Lied davon, wie sie sich einen Mann nahm, der sie auch nahm, sie liebten sich nicht, aber sie sagten sich, daß sie sich liebten, und so begann ihre Liebe mit der Lüge der Nacht. Dann breitete sie die Arme aus, hob den Kopf zur Decke, schwenkte einmal hin und her und schrie: – Es tobt in mir wie ein Orkan – hoppla, das ist mein Blut!

Ich war gerührt und aufgebracht und mitgenommen, denn während ich mich mal wieder im höchsten Maße in Auflösung befand, tobte da vorne ein Orkan, und das war das Leben, und davon hatte ich schon soviel vertan. Die Frau war schön. Der Klavierspieler auch. Dann sang sie: – Nur nicht aus Liebe weinen. Da fing ich ganz laut an zu heulen.

Verunsichert hörte die Frau auf zu singen. Einen Moment lang sah sie zu mir hin, dann sang sie wieder weiter. Michel brachte eine Flasche Rotwein und Schinken und Brot. Ines hatte fertig gesungen, und Peter hatte fertig gespielt. Sie tranken auch Rotwein. Ich fragte Ines, wie alt sie sei. Sie sagte zweiundzwanzig, und nächste Woche hätte sie hier Premiere, und sie sei noch nie öffentlich aufgetreten, und sie würde jetzt schon sterben vor Angst und könne nicht schlafen.

Zweiundzwanzig. Ich war entsetzt. Sie sang Lieder von Menschen, die über sechzig waren, als sie sie geschrieben hatten. Aber man glaubte ihr das. Als hätte man sie damals in Berlin auf allen Hinterhöfen gefunden. Sie kam aus Leipzig und sah aus, als wäre sie ein Kellerkind. Sie bullerte Wärme aus sich heraus wie ein alter Kohleofen. Ich bewunderte sie. Ich war satte zehn Jahre älter. Ich konnte ihre Mutter sein!

Und prompt gelüstete es mich nach Weissagungen.

– Du wirst einmal sehr groß.

Sagte ich einfach so und ungefragt in den leeren Keller mit seinen riesigen Steinen hinein. Ines tat, als hätte sie es nicht gehört. Sie erzählte, daß sie gestern ihrem Freund ein Paar Schuhe mit voller Wucht an den Kopf geschmissen hätte, und daß sie noch immer außer sich sei, aber mehr über das Phänomen ihrer Wut als über ihn. Michel aber fing an, ihren Auftritt für nächste Woche zu korrigieren. Er meinte, daß sie an einer Stelle Flört singen solle und nicht Flirt. Sie singe immer Flirt.

Ines sah sofort erschrocken und schuldbewußt aus. Das ärgerte mich. Sie war so gut. Sie sollte nicht wegen eines einzigen Buchstabens erschrocken sein. Michel korrigierte an einer Stelle ihre Handhaltung, an einer anderen den Ausdruck. Ich hatte von alledem gar nichts bemerkt. Ines schrieb sich innerlich alles auf. Der Klavierspieler hatte alle Merkmale einer großen Begabung. Er litt und konnte nicht bleiben. Seine Seele hatte sich irgendwie in die Höhe geschwungen, der Keller war nichts für ihn, er mußte allein sein und ging.

Michel half Ines, sich zu vervollkommnen. Er kritisierte hier und korrigierte da. Das wollte ich nicht. Er zog ihr den Boden unter den Füßen weg. Er machte aus ihr ein kleines Mädchen. Sie verlor ihre Hinterhofkraft. So konnte sie nicht singen. Er kannte sie viel besser als ich, und ich hatte keine Ahnung von Musik, dennoch erhob ich mich. Ich warf mich ins Zeug. Ich wogte unaufhaltsam mit meiner Weisheit heran und ergoß sie vor Ines.

– Es ist völlig gleich, wie du die Hand hältst. Es ist gleich, ob du zur Decke schaust oder da hinten in das Ofenloch. Du hast etwas in dir, das trägt dich. Das ist so stark. Du hast in dir etwas, das ist so groß, das kann dir keiner geben, das ist in dir drin. Laß dir nicht sagen, was du zu tun hast. Alle, die an dir herummäkeln, auf die wirst du eines Tages spucken, denn du bist viel größer als sie.

Was sagte ich denn da. Was für ein dummes Zeug. Was maßte ich mir an. Wer war denn ich, um andere zu erhöhen? Aber in Wahrheit glaubte ich an sie. Ich dachte nicht, daß ich sie erhöhte, sondern daß sie oben sei. Ich glaubte wirklich, daß diese Stimme, die hier im Steinkeller ganz einsam vor nichts und niemandem sang, unendlich weit reichte und gottweißwohin dringen könnte. Ich regte mich auf, denn ich dachte, daß ich dabeisein könnte, wie sich etwas in der Wiege regte, noch bevor es aufgenommen würde. Ich dachte, daß ich dabeisein könnte, wie ein Wurm aus der Erde kriecht oder wie ein Kokon bricht.

Ines und ich wurden Freundinnen.

Einige Tage später stand sie bei uns im Buchladen. Sie brauchte ein Buch. Ich gab ihr ein Buch. Wir gingen Kaffeetrinken. Ins Café Wacker. Ines war so aufgeregt, daß sie mir folgte, wohin ich auch ging. Sie schob die Kaffeetasse weit von sich, sie redete unentwegt vor sich hin. Es entsprach meinem Weisheitsdrang, sie zunächst einmal ausblubbern zu lassen und sie dann sachte zur Ruhe zu bringen. Wenn ich mich recht erinnere, habe ich schon an dieser Stelle ganz einfach über sie bestimmt, ich glaubte, ihr Verhalten in die Hand nehmen zu müssen. Ist das nicht ungeheuerlich? Ich Depp. Was bildete ich mir überhaupt ein.

– Ich habe nichts anzuziehen!! rief sie. Ich weiß zwar, ich ziehe die Stiefel an, ich will auch gerne den Rock anziehen – aber was oben drüber? Ich habe alles durchprobiert. Meine Klamotten . . .

– Du mußt dir was kaufen, predigte ich. Geh los und probiere tausend Sachen an und nicht weniger. Bis du auf einmal weißt: das ist es! Du mußt, wenn es nottut, auch richtig Schotter hinlegen. Das tut erst weh, aber dann tut es dir nie wieder leid. Das kannst du dann immer wieder anziehen. Das Geld kommt von woanders wieder. Aber wenn du auftrittst und fühlst dich nicht richtig angezogen, dann verdirbst du dir das Gefühl und dein Auftritt ist behindert.

Es sollte ja bloß ein Ratschlag sein. Der Ratschlag war gar nicht falsch. Er war auch nicht schwer. Ich habe ihn gerne gegeben und ich habe es genossen. Ines konnte nicht gut auf dem Stuhl sitzen. Sie beugte sich tief über ihren Schoß und hielt irgend etwas fest, nämlich gar nichts, und kippte dann wieder zurück und kippte dann fast ganz vom Stuhl, weil sie selbst fürs Sitzen noch zuviel Schwung hatte, dann krallte sie ihren Mantel fester um sich zusammen und riß ihn sich wieder vom Leib und warf ihn über die nächstbeste Lehne. Ich muß dazu sagen, daß ich mich auf eine ähnliche Weise bewege. Ich habe immer irgendwie meine Ellenbogen im Gesicht. Dauernd fliegen Kaffeelöffel runter, dauernd schlage ich mir den Kopf auf, und mein Oberkörper beugt sich vorwärts und rückwärts wie bei einer japanischen Abschiedszeremonie. Beim Gehen vergesse ich den Hintern, und die Leute sagen zu mir: bei dir muß man immer aufpassen, daß du beim Gehen nicht vorne rüberfällst. Ines und ich zusammen waren eine enorme Gefährdung für alle. Es ist ja sehr eng im Wacker. Wir verfingen uns in der gehäkelten Spitzendecke, fielen auf durch laute Sätze und ihren geschorenen Schädel, warfen alles um und hieben jedem, der vorüberging, den Arm in den Bauch.

Sie hätte so Lampenfieber. Lampenfieber!

Jetzt ich wieder:

– Es ist sehr wichtig, daß du jetzt jeden Tag sehr diszipliniert verbringst und regelmäßig schläfst. Du solltest am Abend vorher keinen Alkohol trinken, sonst ärgerst du dir an dem Morgen die Krätze an den Hals! Und gehe auf alle Fälle eine Zeitlang spazieren. Frische Luft. Und zwar allein! Am Tage deines Auftrittes mußt du dich von allen zurückziehen! Nimm ein Bad. Ein langes, entspannendes Vollbad. Und abends, bevor es losgeht, schmeiß alle raus. Du mußt vor dem Auftritt allein sein, einzig mit deinem

Klavierspieler solltest du zusammensein und dich tief versenken, zur Ruhe kommen vor eurem Auftritt.

Auch das war ja im Prinzip nicht falsch. Es war einfach so ein Tip. Ines nickte auch gläubig mit dem Kopf.

– Ich habe mir teures Körperpuder gekauft. Hat mir die Maskenbildnerin empfohlen. Kannst du mir das vor dem Auftritt draufmachen?

– Klar. Kann ich.

Der Abend der Premiere. Ines stand im Büro der Romanfabrik und redete und redete und redete. Sie hatte die ganze Woche keinen Alkohol getrunken. Sie hatte einen langen Spaziergang gemacht. Sie hatte anderthalb Stunden in der Badewanne gelegen. Sie war so was von daneben, daß sie umherschoß wie ein Zwirnröllchen, dem man den Faden abspult.

– Aber Ines, sagte ich. Ich hatte mich fein gemacht. Was heißt fein. Ich trug meinen schwarzen Schlapprigen, der aussah, als stünde ich über den materiellen Dingen und sei eindeutig in der Kulturszene zu Hause. Dazu steckte ich mir die Haare auf und malte mir die Lippen feuerrot. Weil meine Lippen sehr groß sind, sehen viele Leute dann von mir nichts anderes mehr als meinen Mund. Das machte ich absichtlich. Ich dachte, das gibt was, heute abend. Das wird ein Abend sein.

– Schau her, ich habe was gekauft! Ich wollte hunderttausend Sachen ausprobieren – aber da hatte ich auf einmal diesen Body an! Sieh mal, schwarz! Und da wußte ich, der muß es sein. Aber der hat gekostet! *Hundertsiebzig Mark.*

– Ach, Ines, sagte ich. Wir fressen hier alle Brotkrusten. Aber so ein Body muß schon sein. Das wird dir nie leid tun.

Ich sah aus dem Fenster. Überall standen schon Leute.

– Ines, sagte ich, draußen stehen sie schon. Es wird voll. Ich mache die Kasse. Das wird was.

Ines schoß aus dem Sofa und rannte hin und her.

Jetzt ich wieder:

– Ines, es ist Zeit. Du mußt dich anziehen. Eine halbe Stunde vorher lasse ich dich allein. Michel wird gleich kommen, aber du solltest vor dem Auftritt auf keinen Fall ins Publikum laufen und dich überhaupt nirgends mehr blicken lassen.

– Ja! Gut!

Dann warf sie auf einmal alle Kleider weit von sich. Sie drückte mir einen großen Becher Puder in die Hand und eine dicke Quaste.

– Hier, du mußt mich jetzt mal einpudern!

Klar, mache ich. Dann schwenkte ich großzügig den Pinsel um Hals und Busenansatz und Rücken herum. Es ging nicht sehr gut, weil sie so hoch und tief atmete, daß ich dauernd Puder in ihre kurzen Haare pulverte. Als sie den Body hochzog, schmierte ich prompt den Rand voll. Auch das noch. Ich holte Klopapier, feuchtete es an und wischte sorgfältig den hautfarbenen Traubenzucker aus den Poren des Anzugs.

Als sie fertig war und in reinster Panik den Kopf hin warf und her und völlig grundlos ins Bad lief und wieder herauskam und bibberte und mit der Nase schniefte und sich um ein Haar wieder die Schminke vermasselte, nahm ich sie an der Schulter und schüttelte sie ein wenig. Ich öffnete den Mund und sagte unbeschreibliche Dinge. Ich war auf dem Höhepunkt angekommen. Ich sagte es mit voller Überzeugung und mit großer Kraft:

– Ines. Du wirst aufgehen wie ein Stern am Firmament. Dieses ist dein Abend. Wer dich einmal gesehen hat, vergißt dich nicht. Sie werden dich lieben. Sie werden dich wiedersehen wollen. Du hast einen wunderbaren Namen: Ines Escher. Du hast einen wunderbaren Klavierspieler. Du gibst den Menschen Kraft. Du rührst sie an. Du hast eine erstklassige Stimme. Deine Stimme ist so eigen. Die hat sonst niemand. Dieser Abend wird furios werden. Du wirst geboren werden, du wirst getauft werden, und wenn dieser Abend vorüber ist, wird ein neuer Stern am Himmel stehen.

Ines schluckte und schluckte und guckte nach allen Richtungen im Flur herum, als ob sie am Garderobenhaken noch etwas finden konnte, das sie aus dem großen Strudel herausreißen könnte. Sie sah aus, als hätte sie nicht zugehört. Sie sah aus, als würde sie jetzt abgeschossen werden. Schließlich dachte ich mir, ich gehe jetzt besser.

Im Eingang standen die Leute. Ines war nicht bekannt. Entweder war die Presseankündigung hervorragend formuliert, oder es waren alles Verwandte und Bekannte, oder es war nichts los in den anderen Kulturschuppen. Ich nahm die Kasse, legte eine Strichliste daneben und nahm von jedem acht Mark. Und während ich für jeden Besucher meinen Strich machte, Wechselgeld gab, Stempel auf die Hände drückte, war ich zutiefst reuig über den Käse, den ich Ines ins Ohr geredet hatte. Welch ein verantwortungsloser Mist. Welch eine salbungsvolle Ansprache. Was für eine alberne Sphinx ich doch war. Orakeltante. Wenn nun der Auftritt in die Hose ging. Wenn sie sich bis auf die Knochen blamierte. Oder, schlimmer noch, wenn sie einen anständigen, ordentlichen Auftritt hätte, so wie tausend andere, die ihre harmlosen Lieder singen, und danach geht man heim und unterhält sich übers Essen. Vielleicht hatte ich sie nur noch verrückter gemacht, als sie ohnehin schon war. Ich hoffte inbrünstig, daß sie mir einfach nicht zugehört hatte. Ich hoffte, daß sie meine Aufdringlichkeit nicht bemerkt hatte. Ich schämte mich. Der Saal wurde voll. Wir schleppten neue Stühle herbei. Sie hockten sich um die Theke herum, stellten sich auf den Kaminsims, und endlich gingen die Scheinwerfer an, und Michel nahm das Mikrofon.

Ich schloß kurzerhand die Kasse, stellte sie hinter die Theke und drängte mich durch nach vorne. Ich wollte alles mitkriegen. Ines erschien. Sie stiefelte auf die Bühne, und Axel nahm Platz am Klavier. Ines legte eine Hand auf das Klavier. Dann fing Axel an zu spielen. Ines nahm die Hand vom Klavier, legte sie auf die Brust und fing an zu singen. Der Ton war so brüchig. Ihre Stimme zu leise. Dann hob sie aus Versehen auch noch abwechselnd die Füße. Sie war so wenig. Wenn sie nun nicht mehr wurde. Konnte sie nicht etwas mehr singen, vielleicht? Sie war gar nicht zu hören. Ich sah sie strahlen, sie strahlte das steinerne Gewölbe an, sie strahlte vor Angst mit blanken Wangen. Ich wußte, da gab es nichts zu sehen, oben an der steinernen Wand. Sie hatte noch nichts gesagt. Und noch nicht gesungen. Das Lied ging zu Ende, und sie hatte noch nicht mal angefangen.

Die Leute scherten sich nicht. Sie klatschten und riefen ihr zu. Vielleicht war es doch Verwandtschaft. Sie waren offensichtlich begeistert. Ines blickte die Leute verwirrt an. Peter lächelte. Er schuf einen anderen Klang. Ines sang drei Zeilen, dann hörte sie auf, dann sagte sie: – Das ist immer dieselbe Stelle, an der ich mich versinge.

Alles lachte. Ich konnte überhaupt nicht lachen, denn ich hatte gesagt, sie sei ein Stern am Firmament. Sie fing noch einmal an, und ich merkte, daß es gut gewesen war, daß Michel ihr gesagt hatte, wo sie die Hand hinlegen sollte.

Da riß es ihr den Nebel auf. Es entstand eine klare, wahre Musik, sie kam auf uns zu. Der Vorhang ging auf, der Tag begann, es fingen drei Hähne zu krähen an. Es wurde eine erschrockene Bewegung, es wurde ein geschwindes Menuett, ein Schaufelschwung mit tiefer, gleichmäßiger Aushebung. Ich glaube, das war's. Von nun an war es ein Streich. Als stemmte sie ein Wagenrad, so hob sie einen Glanz empor, und wenn ihre Stimme sank, so konnte man sich drauflegen, das hielt sie aus. Mal sang sie laut, mal sang sie leise, der Klavierspieler sprenkelte die Töne ein, folgte ihren Worten, und was sie gesagt hatte, gab er wieder in seiner Weise. Drang der Gesang strahlend aus ihr heraus, dann sah das Kellergewölbe aus wie der Arc de Triomphe.

Als sie aufhörten mit ihren Liedern, war noch lange zu hören, was Ines gesungen hatte. Ich war nur dankbar. Alle gaben mir recht. Sie mußten noch einmal kommen und noch einmal und ich weiß nicht wie oft. Und als sie wirklich nicht mehr kamen, fingen sie alle an, sich furchtbar zu betrinken. Ich auch. Ich war so erleichtert, daß ich mit einem blauen Auge davongekommen war. Daß mein Gesülze noch irgendwie der Wahrheit nahegekommen war.

Ich hatte gerade noch einmal Glück gehabt. Ines war so erschöpft, daß sie nicht mehr lange bleiben konnte. Sie ging heim mit ihrer Mutter, die aus Leipzig gekommen war.

Eine Woche darauf gingen wir zusammen am Main entlang, und wir wollten stehenbleiben, wo uns eine Kneipe
gefiel. Ines und Michel hatten bereits weitere Angebote
bekommen, wo sie auftreten sollten.

– Ist das nicht wunderbar? fragte ich. Freust du dich
nicht, daß sie dich alle sehen wollen?

– Ach weißt du, sagte Ines. Ich will ja jetzt nicht stin-
kreich und berühmt werden. Ich weiß auch noch nicht,
was so aus mir wird. Ich will halt irgendwas machen. Bloß
nicht in so einem elitären Scheiß-Dingsbums. Mal sehen.
Ich weiß noch nicht. Irgendwas halt. Mal sehen, mal sehen, was wird.

Dieses war für mich bis hierhin – der Weisheit letzter
Schluß.

POLITISCH

Es ist eingetreten. Und es ist schwierig. Da es aber eingetreten ist, will ich mir überlegen, was ich tun kann. Wo es
nun schon einmal da ist. Ich rede vom politischen Denken.
Es scheint mir schon sehr schwierig. Wer bin ich, wo komme ich her. Wie geht es denen, die um mich sind. Wann
werden wir bekommen, was wir dann nicht mehr brauchen. Möchte mich gerne entziehen. Die Zeitung, die ich
jetzt aufschlage, ist mir zu mühsam. Ich blättere ohne Ende
und lese dann den Kulturteil, und ich langweile mich
schon, wenn die Kultur in Berlin stattfindet und nicht vor
meiner Haustür.

Es gibt aber zu bedenken! Also blättere ich wieder vor.

Minister. Viel zu viele Minister. Von jedem gibt es ein Bild. Eine Zeitlang habe ich mir nur Minister ausgeschnitten und sie mit Namen und Ressort an den Kleiderschrank geklebt, und jedesmal, wenn ich mich umgezogen habe, habe ich sie auswendig gelernt. Dann mußte ich andauernd die Zettel auswechseln, weil ja ständig einer fliegt und umzieht und das Amt tauscht. Ich habe nicht begriffen, wie sie das tun konnten. Vom Postminister zum Kultusminister. Tausche Verkehr gegen Umwelt. Nimm du Innen, dann nehme ich jetzt mal Außen.

Dann die ganzen Regierungen. Hessen rot, Hessen schwarz, Berlin schwarz, Berlin rot, Thüringen schwarz, wer war denn jetzt schon wieder schwarz, und wer wurde auf einmal grün, und kommt jetzt braun auch wieder dazu? Ich nahm also eine Landkarte und hing sie neben den Bettpfosten, spickte sie mit roten und schwarzen Nädelchen, und jedesmal, wenn ich mich hinlegte, versuchte ich noch einmal, mir den gegenwärtigen Stand zu merken. Und erst das Ausland! Wie habe ich am Ausland geknackt. Ich brauchte drei Nachrichtenmagazine, die ich regelmäßig las. Ich brauchte ewig, um diese Sprache zu verstehen, um einen Artikel zu bewältigen, um fertig zu werden mit einer einzigen Seite. Ich fuhrwerkte mit Textmarker, Schere, Zettelkästen, schließlich besorgte ich mir eine Weltkarte, hing sie in den Flur und befestigte bei jedem Land, mit dem ich durch war, eine Liste, auf die ich alles schrieb, was dort soeben im Gange war. Mein erstes Land war Moçambique gewesen. In meiner Wohnung sah es aus wie bei Admiral Bon Schneider vor dem Feldzug in die Ardennen. Oder so. Es war so schwer, durch die Welt zu kommen. Kein Zettel, den ich schrieb, hatte Bestand.

Überall geschah dauernd etwas, nichts blieb, keine Regierung, kein Name, keine Wirtschaftsform, kein Waffenstillstand. Und immer noch hatte meine Weltkarte riesige Flecken ohne Fähnchen und ohne Papier, ich kam und kam doch durch die Welt nicht durch, ich dachte mir, die Welt ist doch ganz schön groß, und dauernd bewegt sich alles. An jedem Zipfel war etwas los. Kein Quadratmeter, der stillhielt. Was für ein Durcheinander! Ich arbeitete unermüdlich daran, einen Überblick zu bekommen.

Wenn ich schon auf der Welt war, wenn ich nun schon in dieser Zeit lebte, mußte ich viel wissen. In politischen Diskussionen hatte ich nämlich immer Angst. Ich hatte Angst, mich zu blamieren, weil ich möglicherweise von Dingen sprach, von denen ich keine Ahnung hatte. Auch nach vielen Jahren Zettelwirtschaft schwieg ich noch. Auch als ich alles verstand, fühlte ich mich noch immer doof. Es hatte auch etwas mit den Männern zu tun. Mit der Schlipswirtschaft. Irgendwie schüchterten sie mich ein. Das ist die dümmste Zeit in meinem Lebenslauf. Dann halfen die Zettel. Sie halfen irgendwann bis Möllemann. Dann wollte ich nicht mehr. Ich war satt. Ich dachte, ich weiß jetzt genug von der Politik. Ich hatte mich in einigen Jahren hindurchgeackert, ich las eines der dicken Nachrichtenmagazine mit den hohen Auflagen recht schnell, die Einarbeitung in diese oder jene Landespolitik ging einfach, ich konnte mir helfen, ich brauchte nicht mehr unterlegen zu sein denen, die partout mehr Ahnung hatten als ich. So war es gut.

Doch nun verfolgt mich schon wieder das Gefühl, ich müßte mehr wissen. Ich müßte immer die Tagesschau sehen. Ich sehe sie schon, aber ich sehe doch nicht richtig hin ich kann das Blut nicht mehr sehen, es scheint mir so unabänderlich, es scheint nur alles immer schlimmer zu werden. Seit zwei Jahren schaue ich nicht mehr richtig hin, und was geschieht: schon schmeiße ich wieder alle Minister durcheinander. Ich habe vergessen, was gewesen ist, in Moçambique. Wenn ich Arrafat sehe, dann frage ich mich, ob sich die Ringe auf seinem Tuch über die Jahre nicht irgendwie in die Kopfhaut gegraben haben. Hält Jelzin eine Rede, dann denke ich: sie setzen ihm so zu. Ich sehe, daß er müde aussieht und seine Kraft gebrochen ist. Was nun gerade die Generäle wieder treiben, das weiß ich nicht. Ich weiß, sie reden bei uns über die Rentenreform. Sozialgesetzgebung. Roman Herzog. Aber ich höre nicht richtig zu.

Doch wenn ich politisch bin, so bin ich es in dem Moment, wo ich die Glatzen sehe. Ich bin in Rage, wenn ich sie im Osten auferstehen sehe und hier ihresgleichen finden. Ich kann nicht mehr denken, wenn ich einen kahlen Schädel sehe mit Bomberjacke. Mir verwirrt sich das Gehirn, wenn ich etwas über sie in der Zeitung lese. Ich habe eine solche Wut, daß ich fast selbst zum Schläger werde. Ich will nicht, daß es sie gibt, sie sollen verschwinden. Ich hasse sie.

Ich kann mir gut vorstellen, daß meine Wut so groß ist, daß sie in einer andauernden Raserei mündet, die anhält, selbst wenn ich eine Blutlache angerichtet hätte. Das ist meine Gewalttätigkeit. Ich könnte heulen, wenn ich die Braunen sehe. Daß sie wieder da sind. Daß sie so doof sind. Ich könnte kotzen vor Wut und Ekel.

Wenn ich politisch bin, so bin ich es in einer sinnlosen Form. Eine sinnvolle Form wäre, in die Köpfe der Braunen zu kommen. Ich würde gottweißwas dafür geben, könnte man nur einen dieser Schädel öffnen, einen Lichtstrahl hineinsenden, einen Gedanken loswerden, einen Moment der Einsicht gewinnen. Aber es ist uferlos. Ihre Köpfe sind Steine. All die vielen Menschen, die sich ihren Kopf verdrehen, verrenken, um die Worte zu wählen, um auszudrücken, auf welche Weise die Rechten falsch denken. Um bei der Jugend dafür zu werben, doch mit den rassistischen Zügen nicht zu liebäugeln. Wie vorsichtig und wohlüberlegt die Aktionen der Vereine, der Fernsehanstalten, der Möbelhäuser sind. Wie sie diesmal mutig sind. Wie sie unendlich schamhaft öffentlich bekunden, daß sie unsere ausländischen Gäste willkommen heißen. Wie sie sich in hunderten, tausenden von Artikeln fast umbringen, nur um einen kahlen Schädel zu erreichen. Sie nur zu erreichen. Was für ein Begehren und Verzehren um jeden Springer-Stiefel. Das Werben der Intelligenz um die Idiotie. Was für eine Not. Und die Erkenntnis, daß diese kein Wort lesen. Daß sie sich mit dem Papier nur den Arsch abwischen. Alles Begehren, alles Verzehren, jede Fotoausstellung, jede Karikatur gezeichnet von einem intelligenten Menschen, jedes Völkerfest, jedes Rockfestival, nichts. Es interessiert sie nicht. Zu tumb. Zu grob. Ihre Schädel sind so kahl, weil sie Angst haben, jemand könnte ihre Häßlichkeit nicht bemerken. Ihre Metzgerschönheit. Ihre Schädel sind genauso strukturiert wie Abbruchbirnen, und deshalb sind sie auch so glatt.

Eine Nacht lang habe ich mir eine Leiter genommen und eine Zange und bin voller Angstschweiß durch die Stadt gezogen und habe überall die Wahlplakate von den Republikanern abgehängt. Dann hatte ich einen Haufen

Plakate auf Preßspanplatten, und sie waren sehr schwer, und es war tiefe Nacht, und ich schleppte mich ab, und sie verrutschten mir in der Hand, und ich wußte nicht, wohin damit. Dann habe ich sie erstmal heimlich im Keller deponiert und nach und nach in den Müll gegeben. Ich konnte es nicht aushalten, daß sie es wagten, ihre Visagen überall hinzuhängen, daß sie sich erdreisteten, ihre Köpfe voller dreckiger Gedanken auch noch öffentlich zu zeigen, an *unseren* Bäumen, *unseren* Laternen, *unseren* Wänden. Hängten sich hin und taten, als ob sie zu uns gehörten. Das ging nicht.

Eine Zeitlang habe ich jeden Abend vor ihrem erklärten Versammlungsort vor die Tür gepinkelt. Ich habe mich aber nicht getraut, nachts vor zwei Uhr dort zu erscheinen. Ich bin extra lange aufgeblieben dafür. Ich spuckte auf ihre Autos. Ich weiß, daß man mit heimlichem und unentdecktem Pinkeln keinen politischen Kampf gewinnen kann. Daß der Modus vivendi weder klug noch besser, noch elegant, noch aufgeklärt, noch moralisch ist, noch bei der Intelligenz auf Akzeptanz stößt, noch für irgend etwas gut ist. Ich bediente mich eines niederen und stinkenden Mittels. Trotzdem wollte ich, daß Neonazis und Altnazis, wenn sie zusammen sind, in der Pisse stehen. Ich wußte, daß der Geruch bis zum Morgen verflogen war. Ich quälte mich damit, meine Wut loszuwerden, und schaffte es nicht.

Sie betraten unseren Buchladen und fragten unsere türkische Kassiererin grinsend, wo es denn hier Nazi-Lieder zu kaufen gebe. Hadiza drehte sich zu mir um und fragte schüchtern, wo bei uns im Laden es Nasi-Lieder gebe. Ich verstand nicht. Nasi-Lieder? Ja, Nasi-Lieder, sagte Hadiza.

Dann sah ich die Bomberjacken. Nazi-Lieder? fragte ich. Erst hatte ich keine Luft. Dann verlor ich den Verstand und raste. Wenn sie nicht augenblicklich von Hadiza weggingen, Fresse, dachte ich. Ich poliere ihnen die Fresse.

– Nazi-Lieder? fragte ich. Habe ich das richtig verstanden? Ihr wollt *Nazi-Lieder* kaufen? brüllte ich. Der ganze Laden wurde aufmerksam. – *Wir verkaufen keine – – Nazi-Lieder!!!* Ich schäumte, ich brüllte, ich ging auf sie zu, ich wollte sie umnieten. Es waren zwei. Komplettes Skin-Outfit, sie grinsten. – Dann nicht, sagten sie, drehten sich um und gingen wieder.

Ich weiß. Ich bin nicht politisch. Ich empfinde mit, das ist richtig. Aber ich lerne schon wieder nicht genug. Meine Lektüre reicht nicht. Mein Namensgedächtnis ist schlecht. Ich habe Probleme mit den Ministern. Doch ich leide Höllenqualen, wenn es um die Welt geht, wenn wieder ein Asylantenheim brennt. Ich bin sauer, wenn ein dummer Deutscher sagt: aber damit habe ich doch nichts zu tun. *Ich* habe doch niemanden umgebracht.

Ich kann durch die Fußgängerzone gehen und entdecken, daß dort ein Werbestand für die Republikaner aufgestellt ist. Ich kann mir mit anhören, wie ein Hanf- und Juteträger Unsinn redet und zu einem gepflegten Edel-Rep in Nadelstreifen sagt:

– Sie müssen jetzt alle mal nach Auschwitz gehen, und dort setzen Sie sich in eine Gaskammer, und da gehören Sie auch hin.

Dann fühle ich mich trotzdem bemüßigt, den Hanf-Mann zu verteidigen, und sage zu dem Rep:

– Ich schließe mich ihm an.

Und der Rep sagt zu mir:
– Sie sind ein faschistoid verseuchtes Frauenzimmer.
Und ich sage:
– Und Sie sind ein Arschloch. Und ihr seid alle Arsch-
löcher.

Und ich nehme den wackeligen Tisch und rüttele so
lange daran herum, bis alle Flugblätter auf die Erde fallen.
Bis sie so wütend sind, daß ich zusehen muß, daß ich
schnell fortkomme.

Wenn meine politischen Aktionen sich in derlei Tätig-
keiten erschöpfen, muß man wohl sagen, daß ich nicht
sehr politisch bin. Ich kann nicht sagen, ich bin politisch,
wenn ich in der Fußgängerzone einen Tisch umschmeiße.
Ich rege mich bloß auf.

Ich sehe, daß ich nicht geeignet bin für eine ruhige
Verhandlung am Tisch. Ich möchte die Reps nicht mit
Worten umwerben, weil sie das Wort verachten. Ich will
sie überhaupt nicht umwerben. Ich will sie niedermachen.
Wenn ich was habe, dann ist es Kraft. Ich möchte einen
Sturm. Ich möchte das Volk hinter mir versammeln und
das Lied anstimmen. Ich will in den Kampf stürmen und
ihnen den Garaus machen. Ich bräuchte für diese Vorge-
hensweise allerdings eine gewisse Überlegung, einen Plan
sozusagen. Und dafür bräuchte ich einen Minister.

Im großen und ganzen gewinne ich schmerzlich die
Überzeugung, daß es mir gelingen könnte, politisch auf
irgendeine Weise wirken zu können. Ich würde es gerne.
Ich will nicht alles an mir vorüberziehen lassen und geschehen lassen, was geschieht. Aber ich setze meine Hoffnung darauf, daß andere es tun. Daß immer jemand da ist,
den ich wählen kann, der das tausendmal besser macht als

ich und der mich in meinem Sinne vertritt. Damit ich in Ruhe machen kann, was ich besser zustande bringe und was ich von meinem inneren Gefühl her auch tun sollte.

Arbeitsteilung. Hoffnung auf den Mitmenschen. Hoffnung auf die Guten. Die Bitte an die Guten. Allerdings möchte ich weiterhin das Gefühl bekämpfen, doof zu sein. Das bedeutet harte Arbeit für mich. Lesen, studieren, aufmerksam sein. Schreiben. Vielleicht kann ich doch mal etwas tun. Dann muß ich allerdings wissen, um was es geht.

MITGESCHLEPPT

Habe ich schon mal irgendeinem Menschen auf der Welt erzählt, daß ich dieses Dorf nicht loswerde? Wie einer Hummel der Blütenstaub an den Oberschenkeln hängt, so hängt das Dorf an mir, und ich kann es einfach nicht abschütteln. Ich stecke mit dem Kopf in Frankfurt und mit dem Hintern in Seewies.

An seinem Dorf zu hängen, das heißt den Saft aus den Feldern zu brauchen wie einer auf der Intensivstation seine Schläuche. Das heißt, ich werde die Äcker nicht los und nicht die Maisfelder und nicht den dicken Baum. Das letzte, wo ich hingehe, bevor ich wieder wegfahre, ist der dicke Baum. Das Dorf ist die Schnauze, die mir verpaßt wurde und die Wilde-Watz-Gegend das Blut, und ich gestehe, daß ich es liebe, mich ordentlich in die wilden Wätze hineinzuschmeißen und ihresgleichen zu sein. Hast du deinen ersten Korn in der Kistenfabrik getrunken,

dann wirst du immer Sehnsucht haben nach dem Säge-
mehl in deiner Nase, und wenn die Feuerwehr dir einen
Glühwein ausschenkt, dann wirst du dich ewig verbunden
fühlen mit dem Spritzenhaus, und wenn du auf die Dicke-
Backen-Musik dein Kirmesbier säufst, dann hast du wirklich Angst, daß die Dicke-Backen-Musik dir noch auf den
Kirchhof spielt.

Ich weiß nicht, auf welchem Kirchhof ich dereinst liegen werde. Ich weiß nicht, ob es *diese* Leichenhalle ist, in
der ich mit Buchsbaum umkränzet werde. Ich habe nur
Angst, daß es in anderen Leichenhallen keinen Buchsbaum
gibt.

Wenn ich heimkomme, schießt mir das Blut um die
Knochen herum. Ich stehe in der herzigsten Weiberkraft,
aber die große Welt zieht mich nicht. So behindere ich
mich auf Schritt und Tritt in der weiten Welt, und wenn
ich in der Welt bin, dann rappeln hundert Büchsen an
meinem Hinterteil herum, die doch allenthalben verkün-
den, woher ich komme. Zumindest aber bin ich versorgt
mit der Kraft der Wätze wie eine volle Speisekammer und
kann gut überleben wie ein Kamel mit drei Höckern.

Komme ich also heim. Da hängen sie an mir, ich an
ihnen, wie hundert Kletten und Ketten. Das ist *nicht* das
höchste Glück der Erde. Was aber täte ich, wenn auf
einmal nicht Tante Martha auf unserer Hofbank säße und
Onkel Herbert mich fragte, ob ich ihn nicht am Montag
zum Doktor fahren könnte, und wenn nicht Liesbeth
und Franze Hannes mir auftragen würden, doch mal dies
und das in Frankfurt zu besorgen, ich sei ja da in der Stadt
und außerdem hätte es Zeit. Kommt Siegbert, der eine
tschechische Freundin gefreit hat und nun ein Wörter-

buch in Tschechisch braucht. Steht die geschiedene und einsame Marie auf der Straße, die die Ansprache braucht. Fahre ich die ganz und gar verwirrte Helene nach Hause, bevor sie mitsamt ihrem Stock in den Zaun vorm Konsum fällt.

Früher war das anders. Da brauchte ich die Liebe und das Quetschenkraut von den Leuten. Ich kam nicht auf die Idee, daß hier irgend jemand bedürftig sei. Alle hatten reichlich, und alles gab es umsonst, Feuer und Scheunen und vor allem den Korn, und nirgendwo gab es nichts. Heute gehöre ich zu den Saftigen, die das Quetschenkraut schmieren. Heute sehe ich auch, wer sich zankt und wo Hunde begraben sind. Wer seiner Frau fortgelaufen ist und warum. Heute weiß ich, wieviel der Fußballverein bekommt und wieviel der Kindergarten. Daß eine Straßenlaterne wichtiger ist als eine alte Kastanie.

Ich sehe die Niedergemetzelten vom Dorftratsch und war selbst schon niedergemetzelt. Dann sehe ich die Niedergemetzelten wieder auferstehen. Manche tragen sie auch auf den Kirchhof, die sind überhaupt nicht mehr aufgestanden. Dann sehe ich die Häuser, die leerstehen, in denen sich einsam eine graue Gestalt über das Linoleum bewegt.

Was soll ich schon erzählen von der Zugezogenen. Wie sie auf einmal vor der Hofeinfahrt steht und hört, daß es Kuchen gibt. Ihr Mund ist schief, und der Pullover ist mit Lycrafäden durchzogen, den hat sie von Schneider Wilhelms Isolde. Der schiefe Mund ist voller Grind, man kann auch sagen, es sind verheilende Stellen von den Schlägen ihres Alten. Armer Mund, er wird nicht lange Zeit zum Heilen haben. Damit lacht sie jetzt und blickt die Bordsteinkante an, und ihre fettigen Haare fallen ihr ins Gesicht. Es ist nicht allein der Mund, der schief ist. Die linke Schulter hängt tiefer als die rechte. Der Scheitel sollte nie einer sein. Der Pullover markiert noch Isoldes schwere Brüste, nicht aber die hängenden, flachen von Gudrun Siebert, die Knie ihrer Jeans sind von längeren Beinen verbeult worden, und was soll ich erst sagen von den Absätzen der hochhackigen, blauen Sandalen. Sie lacht aber. Sie ist ihm hörig! Das sagen alle Leute. Sie muß es einfach haben! Tag und Nacht muß sie es haben, das hört man auf der Straße. Der kann auch keiner richtig helfen. Nur manchmal hängt einer nachts Essen an die Haustür.

Aber Gudrun beschwert sich nie. Sie lacht immer. Sie lacht in unseren Hof. Man kann sie doch nicht einfach so stehenlassen. Komm herein, Gudrun, wir haben gerade Kuchen gebacken.

Was soll ich nur erzählen von der wirren Helene, die vor lauter Bösartigkeit einen Schlag gekriegt hat. Sie rennt in den Hecken, auf einem Bein, auf einem Stock, die Hosen werfen fürchterliche Falten um ihre dürren Knie, die Augen in ihrem bläulichen Gesicht rollen wieder nach oben wie bei einem gekränkten Kind, sie kann nicht aufrecht stehen, sie kraucht umher und kann sich nicht helfen.

Sie ist einmal hübsch gewesen und hatte viel Geld. Ein geschnatztes Töchterlein im Kriege. Wen sie wollte, den konnte sie haben. Sie wollte den schönen Josef, den auch noch andere wollten. Josef war ein guter Mensch. Helene nicht so. Sie kriegte ihn. Als sie ihn aber hatte, ärgerte sie sich, daß sie ihn genommen hatte. Wenn er Bier trank, schimpfte sie, weil er Bier trank. Wenn er aß, schimpfte sie, weil er aß. Wenn er spazierenging, schimpfte sie, weil er spazierenging. Erst schimpfte sie ihn nur daheim. Dann schimpfte sie auch auf der Straße. Dann schimpfte sie, wo immer Leute kamen und gingen. Man sagt, sie ging mit ihm um wie die Sau mit dem Bettelsack. Josef ertrug es. Er war ein feiner Mensch und gab keine Antworten. Je böser sie wurde, desto schneller alterte ihre Haut, desto krummer wurde ihr Gang, und um allen zu zeigen, wie sehr sie das Dorf und Josef und alle verachtete, schlief sie auf jeder Feier nach einer halben Stunde ein. So vergingen die Jahre. Einige Male war sie im Krankenhaus, aber niemand konnte die Bösartigkeit aus ihr herausoperieren. Und weil gar nichts half, traf sie endlich der Schlag. Wenn sie heute durch das Dorf geht, emsig weiterzieht und wenige Worte spricht, das Gleichgewicht verliert und nicht mehr in die Hecke findet, lesen die Leute sie auf und bringen sie nach Hause.

Was soll ich erzählen von Andy, der so schlägt? Er ist groß und stark und gut. Die Leute haben ihn gern. Einer, auf den immer Verlaß ist. Ein Hübscher mit blonden Haaren. Aber wenn er Bier trinkt, muß er einfach schlagen. Er sieht nicht richtig, wen er schlägt oder wohin er schlägt, er greift einfach jemandes Hemd an der Brust und zieht ihn zu sich her, rudert, dann schlägt er zu. Das wissen einfach alle. Weil aber Andy ein guter Kerl ist und jeder Bescheid weiß, achten schon alle darauf, wenn Andys schwere Hände ausfahren, wenn er jenen eigentümlich fixierenden Blick bekommt, wenn er anfängt zu rudern. In diesem Moment legen sich von allen Seiten hundert Hände auf seine Schultern, flüstern ihm Stimmen von hinten und vorne was ins Ohr hinein, hält einer den anderen fest, falls sie Andy nicht bändigen können, wiegen ihn leicht zurück, trennen ihn sanft und unmerklich aus dem Gemenge, bis er irgendwo frische Luft ins Hirn kriegt und sich allmählich wieder beruhigt. Das ist ein eingespieltes Verfahren, das jeder kennt, wo jeder schon dabei war. Jeder ist schon irgendwann einmal dem blind kämpfenden Andy vor die Fäuste gelaufen. Jeder weiß, wie man ihn halten muß.

Aber so ist das mit den Leuten im Dorf. Ob sie nun krumm sind oder buckelig, ob sie im Gemeinderat sind oder zugezogen, ob ihre Zähne auf dem Marktplatz ausfallen, ob sie aus Kasachstan kommen oder von Öllingen, ob sie Geschäftsfrauen sind oder Hannes Kowes Buchseknupp, ob sie alt und demoliert sind oder wahlberechtigt und braun, ob sie Schultüten tragen oder Lottoscheine ausfüllen, Campari trinken, die Pille nehmen, wandern oder mondsüchtig sind. Immer schleppt man einen mit.

Sie gehen durch deinen Hof. Sie latschen durch dein Leben. Sie reden dir ein Ohr ab. Du siehst ihren Bettbezug auf der Leine. Und so gehe ich immer wieder in dieses Dorf, damit immer wieder die Wallfahrt durch mein Leben latscht, damit ich mitgehe auf der Wallfahrt, und wir latschen uns kreuz und quer durch die Leben, trampeln übereinander und untereinander und schmieren uns Brote voll Quetschenkraut.

Und immer wenn ich wiederkomme, dann liegt wieder irgendeiner auf dem Kirchhof. Aber wenn keiner von uns gestorben ist, dann leben wir noch heute. Und wenn wer gestorben ist, dann sterben auch noch andere.

ÜBERSINNLICH

Ich habe keinen Guru und trage keine wallenden Gewänder. Ich zünde keine Räucherstäbchen an und hauche nicht von morgens bis abends – OM. Für das Übersinnliche kann ich nichts. Gedacht bin ich altmodisch katholisch.

Mit dreizehn fiel ich vom Stuhl. Ich hatte bis dahin oft geträumt, daß eine unbekannte, strenge Hand mich an einem Gummiband ins Weltall schnellen ließ und wieder auf die Erde dotzte und wieder in das Weltall warf. Ich träume das noch heute. Ich träumte dauernd, und mein Körper war noch ganz mager. Da fiel ich vom Stuhl. Ich hatte hin- und hergeschaukelt und kippte einfach zurück. Da schlug ich mit dem Nacken auf die Schulbank hinter mir und wurde ohnmächtig.

Im Krankenhaus haben sie nichts Besonderes mit mir gemacht. Sie ließen mich so herumliegen, und ich fing an, tags zu schlafen und nachts zu spinnen. Und als ich dalag, am hellichten Tag, auf dem Rücken liegend und eigentlich nur dämmernd, da ist es passiert.

Ich bin aus meinem Körper herausgeflutscht.

Ich hing unter der Decke und schwebte herum. Ich konnte alles hören. Ich hörte, was draußen der Arzt zur Krankenschwester sagte und was sich die Frührentner in der Raucherecke erzählten. Ich sah und hörte und bekam alles mit, was sich zu diesem Zeitpunkt auf diesem Stockwerk ereignete. Das ging mir aber eigentlich nicht richtig auf, weil ich doch nichts anderes im Sinn hatte, als bloß wieder in meinen Körper hineinzukommen, und ich strampelte und ruderte herum wie ein Frosch. Die Beweglichkeit dieses Körpers hatte ich überhaupt nicht unter

Kontrolle. Es klappte gar nichts. Ich war auf einmal ein Gespenst geworden, ich wußte genau, daß ich nicht schlief, und als Gespenst brach mir der Schweiß aus. Ich hatte eine gräßliche Angst. Mir war klar, daß ich genau ich war, aber daß ich wenig stofflich, durchsichtig und fliegend geworden war. Ich hatte schon noch Arme und Beine, irgendwie, doch waren diese nichts Richtiges. Schimmernder Schein. In meiner Angst bekam ich auf einmal ein wahnsinniges Heimweh nach meinem Dorf. Dort war doch alles handfest und bombensicher. Ein Baum war ein Baum und ein Stein ein Stein. In dem Moment, als ich nur an das Dorf dachte, flog ich schon durch die Straßen. Da wirklich schwebte ich doch so zwei, drei Meter über der Erde schön schwungvoll vorbei am Zimmerplatz, am Trippelborn, am Konsum und über den Kappesgarten. Das war alles sehr schön. Fast hätte ich mich da verflogen, so schön war es, als ich plötzlich gleichzeitig hörte, wie im Krankenhaus die Tür aufging und die Visite begann. Da brach ich mir fast meinen durchsichtigen Hals und meine sphärischen Beine, um wieder zurückzukommen in meinen *richtigen* Körper, und, weiß der Himmel wie, irgendwie kam ich wenigstens wieder in die Leibesmitte, aber es dauerte noch Minuten, bis ich Arme und alles wieder richtig bewegen konnte.

– Wie geht es? fragte der Arzt.

Ich konnte gar nichts sagen. Ich klapperte von oben bis unten und starrte ihn nur an. Da glaubte der Arzt, ich sei noch kränker geworden, und verordnete mir eine Hals-Stellage.

Ich kam dann später irgendwann wieder heim. Aber es war, als hätte man einen Stöpsel aus mir herausgezogen. Ich flutschte pausenlos aus meinem Leib. Kaum legte ich mich abends hin, schon hing ich irgendwo in der Weltgeschichte herum. Ich wollte das gar nicht. Ich probierte, mich abends auf den Bauch zu legen oder das Licht anzulassen. Keine Chance. Ich wollte nichts sehnlicher, als einig zu sein mit mir und den schönen zweiundsechzig Kilo Fleisch und Knochen und dem warmen Herzen. Manchmal wünschte ich mich zu Mama und Papa. Dann landete ich in ihrem Schlafzimmer und sah sie dort friedlich schlafen. Ich legte mich zwischen sie und hoffte, sie würden nicht wach, sie sollten nicht merken, daß ich als Gespenst in ihrem Bett lag. Alles wäre wahrscheinlich besser gewesen, wenn bei meinen Spukausflügen die Sonne geschienen hätte. Bei Licht ist alles nicht so schlimm, Menschen sind unterwegs, man kann Gesprächen lauschen. Aber es war immer finstere Nacht, und niemand sonst war in diesem seltsamen Zustand, und ich war eine verlorene Seele. Man kann auch als Gespenst nicht viel Sinnvolles tun. Sonst hätte ich mir in der Zeit vielleicht einen Pullover gestrickt oder den Fernseher angemacht oder was Gutes gekocht. Aber so was kann ein Gespenst nicht. Schließlich ging die Angstphase vorbei. Ich fügte mich in mein Schicksal und fing an zu kaspern. Schlüpfte durch Wände und in den Himmel, versuchte herauszufinden, wie sich die Decke beim Durchdringen anfühlt, und tatsächlich spürte ich Fasern, Preßspanplatten, Mauerstein, Gebrösel und Sand, dann war ich durch. Nach kurzer Zeit hatte ich eine große Geschmeidigkeit erreicht. Ich versuchte, nach Afrika zu kommen, und wollte herausfinden, ob ich auf einem Stern Platz nehmen konnte. Das war aber beides offensichtlich zu weit weg vom fleischlichen Körper, das hat nicht geklappt.

Eines Nachts war ich, wie üblich, entflutscht und hing im Treppenhaus unter der Klappe zum Speicher. Da rief ich aufs Geratewohl in die Nacht hinaus mit meiner unhörbaren, aber weitreichenden Stimme, ob da noch jemand sei. Diese Frage war angekommen. Noch im selben Moment spürte ich zwei Wesen, die mir vom unteren Treppenabsatz herauf entgegeneilten, flogen, sich näherten, und das erste, was ich fühlen konnte, war, daß es gute Geister waren. Sie hatten mein Alter, mein Geschlecht, wie Schwestern, exakt die gleiche Konsistenz, nur hatte die eine ein eher breites Ausmaß, die andere eine zusammengefaßtere, kleinere Form. Zwei, die geübter waren als ich, die sich auskannten, die mir behilflich sein wollten und mich aufklären, zwei, die mich womöglich kannten. Jedoch allein ihre Anwesenheit, ihr Erscheinen, erschreckte mich ins Mark hinein, und in diesem gewaltigen Schreck konnte ich so schnell in meinen ruhenden Körper zurückkehren wie nie zuvor. Ich schwor mir, das nie wieder zu tun. Ich wollte ums Verrecken nicht mehr meinen eigenen Gespenstern ins Auge sehen. Ich ging in die Küche und kochte mir eine Kanne Kaffee und verbrachte die Nacht im Sitzen. Tatsächlich half das. Ich flutschte nur noch selten.

Dafür kriegte ich mit siebzehn Gestalten ans Bett. Sowie ich mich hinlegte, spürte ich, wie sich ruhig und freundlich viel Volk um die Bettleisten tummelte, sich hinsetzte und es völlig in Ordnung fand, dort zu bleiben und zu wachen, bis ich schlief. Als ob ich da hätte schlafen können! Auch meine verstorbene Großmutter war dabei.

Mir war das dermaßen unheimlich, daß ich mich tief in die Kissen verkroch und die Decken über mich zog und hoffte, der Spuk ginge vorbei. Aber sie blieben einfach da. Ihre ganze freundliche Ausstrahlung konnte meine Angst nicht dämpfen. Ruhig und gutgelaunt, miteinander schäkernd, fanden sie sich um mich ein. Jahrelang schlief ich dann nur mit Licht.

Mit zwanzig hatte ich dann die Idee: Ich setzte mich feierlich im Bett auf und sagte: Liebe Oma. Liebe Leute, die ihr hier immer so brav herumsitzt, ich habe eine Schweineangst vor euch, und ihr wirkt überhaupt nicht beruhigend auf mich. Ich bitte euch, daß ihr geht und nicht wiederkommt.

Tatsächlich war damit der Spuk vorbei, und ich war erlöst. Endlich ging ich wieder gern ins Bett.

Dennoch hat mir danach manchmal etwas gefehlt.

Ich habe nicht gebetet, damals, denn ich hatte immer meine Großmutter beten hören, und es hatte nie etwas genützt. Weder hat sie jemals Geld gekriegt, noch wurde sie von irgendeiner Krankheit geheilt, noch blieb mein Großvater Richard auch nur einen einzigen Abend daheim.

Jedenfalls betete ich nicht, bis dann das passierte mit dem Auto.

Ich war mal unterwegs, und da war ich gar nicht nüchtern. Ich hatte das Bedürfnis zu tun, was sich nicht gehörte. Ich fuhr also über die Autobahn, und da fing es an zu regnen, und der Himmel öffnete sich und kippte seinen gesamten Inhalt auf mein Auto. Ich sah nichts mehr, der Scheibenwischer kämpfte vergebens, und ich schlingerte, wie nasse Seife über den Badewannenrand, hin und her, und wahrscheinlich war es mehr mein inneres Befinden, was sich dann als angeblich äußere Welt darstellte. Jedenfalls war ich geliefert. Ich war nicht mehr imstande, meine blecherne Behausung auch nur halbwegs sicher durch die Gegend zu bewegen. Überall hupten und tuteten Karren mit verschwommenen Lichtern um mich her. Meine Feinmotorik funktionierte auch nicht. Ich war in höchster Bedrängnis!

Hör mal! kreischte ich da in den Himmel hinein. Vergib mir meine Sünden, und ich weiß bestimmt nicht, was ich tue, aber wenn es einen Schutzengel gibt, dann schicke mir bitte so fünf oder sechs – ich kriege das nicht mehr hin!!!

Da hätte ich doch schwören können, ich hörte ja schließlich das Flügelschlagen, also ich hätte schwören können, die gefiederten Mächte schwangen mir ihre Federn um die Ohren herum und griffen ins Steuer und nahmen die Sache ganz einfach in die Hand. Dazu der obligatorische himmlische Friede. Ich wurde gesteuert, ich wurde gefahren. Mit traumhafter Sicherheit bewegte ich mich durchs ärgste Chaos noch hundert Kilometer weit und kam wie Sindbad durch die Sintflut auf seinem Teppich nach Hause.

Donnerwetter! dachte ich, und bedankte mich vorsichtig für mein junges, gerettetes Leben, das doch noch für so würdig befunden worden war, daß himmlische Heerscharen persönlich mich nach Hause chauffiert hatten.

Von da an dachte ich wieder häufiger an fliegende Freunde. Aber es schien mir dann doch angemessener, sie bei eher persönlichen und intimen Gelegenheiten um Wachsamkeit zu bitten und nicht im Vollrausch am Steuer.

Ich wartete mein nächstes Problem ab, womit ich mich nicht schwertat, denn das geht ja im Leben immer zügig und prall. Immerhin fand ich es sehr angenehm, ein paar lichte und angenehme Engel in der Gegend zu haben. Ich dachte: Fang mal mit was Leichtem an. Und ich fragte den Himmel: Wieso ist das eigentlich immer so furchtbar mit mir und den Männern? Wo hängt es denn da eigentlich?

Der Himmel antwortete reich und farbenprächtig, aber ich habe kein Wort verstanden. Allerdings habe ich die Erfahrung gemacht, wenn ich ganz still bin, dann kann ich durchaus etwas hören in mir. Es ist ziemlich verschwommen.

Ich wende mich meistens an die Engel, weil ich mir denke, sie sind wie Sekretärinnen oder Empfangsdamen und daher leichter zu erreichen. Ich gebe zu, daß sich mein Ohr verfeinert hat, und ich kann dem freundlichen Ursuppengebrabbel die Botschaft entnehmen, ob ich einen Wohnungswechsel machen soll, ob ich weiterhin die peinigende Schikane des Mieters über mir einfach so hinnehmen soll, ob mit einem Mann Hopfen und Malz verloren ist, oder ob ich ihn noch mal erhören soll. Manchmal verstehe ich auch gar nichts. Dann muß ich mich so durchschlagen. Manchmal träume ich auch Dinge, die passieren.

Manchmal nützt mir die ganze Engelschar überhaupt nichts, und ich falle fürchterlich auf die Schnauze oder benehme mich ganz und gar daneben. Weder bin ich zum Antialkoholiker geworden, noch käme es mir in den Sinn, auch nur einen einzigen Tag zu fasten.

Trotzdem. Ohne den Flügelschlag an meiner Seite ginge es mir nicht so gut. Ohne das Gesäusel und das leichte, lichte Gespinst um mich her wäre die Welt scharfkantiger und noch grausamer, als sie sowieso schon ist. Darum hege ich und pflege ich das Gespräch am Abend oder stelle ein Kerzchen auf oder räume auch mal auf, wenn ich gar keine Lust dazu habe. Damit sie sich wohlfühlen bei mir und nicht unter dem Saustall leiden. Und ich bilde mir ein, daß mir seither schönere Sachen geschehen. Manchmal stelle ich mich nachts auf und fliege. Manchmal höre ich Stimmen, die sich munter unterhalten. Manchmal weiß ich, wenn es jemandem schlechtgeht, und rufe ihn an. Manchmal denke ich, der da hat ein krankes Knie. Aber ich sage nichts, weil es mir lieber ist, der da hat ein krankes Knie, als daß sie sagen, die da hat einen Fimmel.

Ich glaube aber, daß viele nachts fliegen. Und viele merken, wenn es einem anderen schlechtgeht. Oder lesen mal eben hinter der Stirn von dem anderen. Oder bilden sich ein, jene Schlagzeile in der Zeitung stehe ausgerechnet für *sie* in der Zeitung, weil sie ihnen was sagen will. Oder sie träumen Dinge, die dann geschehen.

Insofern bin ich gar nicht besonders übersinnlich. Ich bin aber auf jeden Fall sinnlich und nicht untersinnlich.